PARA NÃO FICAR SÓ NA LEMBRANÇA
Memórias de antigos moradores
do Nativo de Barra Nova – São Mateus (ES)

Editora Appris Ltda.
1.ª Edição - Copyright© 2024 do autor
Direitos de Edição Reservados à Editora Appris Ltda.

Nenhuma parte desta obra poderá ser utilizada indevidamente, sem estar de acordo com a Lei nº 9.610/98. Se incorreções forem encontradas, serão de exclusiva responsabilidade de seus organizadores. Foi realizado o Depósito Legal na Fundação Biblioteca Nacional, de acordo com as Leis nos 10.994, de 14/12/2004, e 12.192, de 14/01/2010.

Catalogação na Fonte
Elaborado por: Josefina A. S. Guedes
Bibliotecária CRB 9/870

M857p
2024

Morila, Ailton Pereira
    Para não ficar só na lembrança : memórias de antigos moradores do Nativo de Barra Nova – São Mateus (ES)/ Ailton Pereira Morila. – 1. ed. – Curitiba : Appris, 2024.
    122 p. ; 21 cm.

    Inclui referências
    ISBN 978-65-250-5391-2

    1. História oral. 2. Biografia. 3. Nativo de Barra Nova (ES). I. Título.

CDD – 907.2

Appris
editora

Editora e Livraria Appris Ltda.
Av. Manoel Ribas, 2265 – Mercês
Curitiba/PR – CEP: 80810-002
Tel. (41) 3156 - 4731
www.editoraappris.com.br

Printed in Brazil
Impresso no Brasil

Ailton Pereira Morila

PARA NÃO FICAR SÓ NA LEMBRANÇA
Memórias de antigos moradores
do Nativo de Barra Nova – São Mateus (ES)

FICHA TÉCNICA

EDITORIAL	Augusto Coelho
	Sara C. de Andrade Coelho
COMITÊ EDITORIAL	Marli Caetano
	Andréa Barbosa Gouveia (UFPR)
	Jacques de Lima Ferreira (UP)
	Marilda Aparecida Behrens (PUCPR)
	Ana El Achkar (UNIVERSO/RJ)
	Conrado Moreira Mendes (PUC-MG)
	Eliete Correia dos Santos (UEPB)
	Fabiano Santos (UERJ/IESP)
	Francinete Fernandes de Sousa (UEPB)
	Francisco Carlos Duarte (PUCPR)
	Francisco de Assis (Fiam-Faam, SP, Brasil)
	Juliana Reichert Assunção Tonelli (UEL)
	Maria Aparecida Barbosa (USP)
	Maria Helena Zamora (PUC-Rio)
	Maria Margarida de Andrade (Umack)
	Roque Ismael da Costa Güllich (UFFS)
	Toni Reis (UFPR)
	Valdomiro de Oliveira (UFPR)
	Valério Brusamolin (IFPR)
SUPERVISOR DA PRODUÇÃO	Renata Cristina Lopes Miccelli
ASSESSORIA EDITORIAL	William Rodrigues
REVISÃO	Marcela Vidal Machado
DIAGRAMAÇÃO	Renata Cristina Lopes Miccelli
CAPA	Lívia Costa
REVISÃO DE PROVA	William Rodrigues

A todas as pessoas do Nativo que partilharam comigo um pouco de suas vidas.

AGRADECIMENTOS

Gostaria de agradecer a Rosiléia Alves do Santos, então diretora da Escola Maria Francisca Nunes Coutinho, que nos recebeu e nos apresentou aos antigos moradores do Nativo. Sem essa mediação, seria impossível criar o vínculo necessário para a história oral. A todos os alunos de Pedagogia da Universidade Federal do Espírito Santo (Ufes), campus São Mateus, que participaram do projeto como entrevistadores e também transcrevendo e transcriando as histórias: vocês estão indelevelmente registrados nelas. Às famílias dos entrevistados que nos receberam em suas casas.

Velhos amigos vão sempre se encontrar

Seja onde for, seja em qualquer lugar

O mundo é pequeno, o tempo é invenção

Que o amor desfaz na tua mão

Nada passou, nada ficará

Nada se perde, nada vai se achar

Põe nosso nome na planta do jardim

Vivo em você e você dorme em mim

(Oswaldo Montenegro)

SUMÁRIO

Introdução 13

Está vendo como são as coisas? E tem mais histórias para contar: memórias de Erlite Bernardo (Dona Bilisco) 14

Vivíamos aqui um comunismo, onde todo mundo vivia em comunidade, todo mundo vivia bem: memórias de Jerônimo Nunes Coutinho 25

Tinha de pegar um cavalo e montar; quem tivesse o cavalo estava feliz, quem não tivesse ia na perna, na perna cansando por esses caminhos: memórias de Joel Tomaz 37

Os peixes dos brejos acabaram, os peixes de água salgada também fugiram, não sei pra onde foram: memórias de Floriano Assis dos Santos 46

Aqui tem time, jogo de futebol, tem até um retrato do meu time ali na parede: memórias de Arceu Pimenta 51

Mas não é bom abusar, né, porque todos nós levado no abuso fica valente: memórias de Leonor de Souza Costa 58

E na hora do ser, tinha que ser: memórias de Jorgete Nunes Martins 66

Eu colocava quatro meninos, dois de um lado, dois do outro, um no meio segurando minha mão e eu, barriguda, de cavalo: Memórias de Lindonor dos Santos 74

Eu consegui a terra, eu vim pra cá contente. Eu não dormia,
não ficava com dor nas costas, ia para o campo com os filhos,
eu era doida: memórias de Dona Leocádia 88

Era do trabalho pra escola; chegava da escola,
almoçava e trabalho de novo: memórias
de Francisco Luiz dos Anjos (Seu Chico) 94

Hoje em dia, a tradição não tem mais tanta força:
memórias de Elisabete Barbosa dos Anjos (Dona Bete) 98

Porque essa é nossa vida, daqui tiramos nosso sustento
e lutamos por um espaço cada vez melhor.
É dessa luta que construímos nossa história:
memórias do casal dos Anjos 101

Era desse jeito. Era muito difícil, mas um difícil bom:
memórias de Dona Bininha 106

Introdução

Este é um livro de memórias. Mas não são minhas memórias. São as memórias de Dona Bilisco, Seu Joel, Dona Leocádia, Seu Arceu, Dona Bininha e tantos outros velhos moradores do Nativo de Barra Nova. Não são velhos no sentido pejorativo do termo, no sentido que tivemos de torná-los idosos ou da terceira idade. São velhos no sentido atribuído por Ecléa Bosi[1] na magnífica obra *Memória e Sociedade: lembranças de velhos*. São velhos conhecidos, velhos amigos. Todos no Nativo de Barra Nova os conhecem. Todos já ouviram uma ou mais histórias deles. Todos sabem onde moram, é só passar e perguntar.

Mas são histórias e lembranças tão fugidias quanto uma xícara de café quente, que por sinal quase sempre embala essas histórias. São pequenas ondas no lago de Mnemósine. Atravessar o pasto a nado. Recolher peixes no quintal. Levar dois dias só para chegar a São Mateus. Ver um carro e se assustar. Casar fugido. E pensar que tudo isso existia há menos de 80 anos. Enormes transformações no espaço de uma vida.

Belas, tristes e sofridas lembranças. Mas é só isso. Histórias, lembranças de quem viveu um tempo tão diferente que é difícil imaginar. Quando se forem, todo um universo estará perdido. E sempre se vão. Assim é a vida. Algumas das memórias neste livro são de pessoas que já se foram. Mas de fato não se foram. Enquanto lembrarmos das histórias de vida desses velhos amigos eles estarão vivos. Essa é a contribuição deste livro.

Mas também devemos lembrar de Halbwachs[2] (2001). Memórias não são individuais, são coletivas. A memória dessas pessoas é a memória coletiva do Nativo de Barra Nova. E memória coletiva escrita é história. São memórias de pessoas memoráveis, mas também é a história do Nativo de Barra Nova.

---

[1] BOSI, Ecléa. **Memória e sociedade**: lembranças de velhos. São Paulo: Companhia das Letras, 1994.
[2] HALBWACHS, Maurice. **A memória coletiva**. São Paulo: Centauro, 2001.

Está vendo como são as coisas? E tem mais histórias para contar: memórias de Erlite Bernardo (Dona Bilisco)[3]

Meu nome é Erlite Bernardo, tenho 90 anos, mas me conhecem por Dona Bilisco. Eu nasci aqui não, nasci lá em Burandira, lá pro lado da banda, na beira do rio pra cá é que você vai de ônibus lá.

Moro aqui há mais de 50 anos, tenho muita coisa pra participar[4], eu passei muita coisa, eu vi muita coisa boa. Tenho cinco filhos, todos já casados. Um morreu e tem essa que mora comigo, que é a caçula. Uma mora em Vitória e dois moram aqui perto. A de Vitória sempre liga pra mim. Essa que mora comigo, criou sete filhas, mas nunca foi *encosteira*, não é, Maria? Ela tinha o marido dela, que Deus o levou. Ele bebia muito também, *balangava* também. As filhas dela já estão todas casadas, moram lá em São Mateus. Vou lá às vezes com ela, depois venho embora para minha casa cuidar das minhas coisas, fazer meu café, minha comida. Eu também preciso me virar. Hoje tudo é pago. Faço tudo em casa, estou com 90 anos, mas lavo louça, lavo roupa, planto minha comida, graças a Deus. Um tempo atrás estive doente de pneumonia, mas depois melhorei e adoeci novamente. Tive que operar o dedo porque apareceu um caroço. Gosto de limpar meu terreiro. Hoje eu não me troco por essas meninas aí novas, às vezes me dá uma vontade de deitar, descansar minha perna, eu vou e deito.

---

[3] Entrevista concedida a Inglyd da Silva Becher. Transcrita e transcriada por ela e revisada por Ailton Pereira Morila.

[4] Alguns moradores do Nativo de Barra Nova usam o verbo participar com o sentido de contar. É bastante interessante esta apropriação, o que nos aproxima da narrativa tal qual Walter Benjamin afirma. BENJAMIN, Walter. **Magia e técnica, arte e política**. São Paulo: Brasiliense, 2012.

Meu marido me largou, ele era muito mulherengo, eu gostava dele assim mesmo, mas ele me largou. Hoje estou solta, como dizem, o boi solto se lambe todo, então deixa eu me lambendo.

Às vezes me embaraço um pouco, esses dias tomei uma queda, mas eu caio e levanto, estou pregada. Já vi muita coisa ruim e boa, mas agora só vejo coisa ruim. A gente fica se lembrando da vida, bom não está, mas eu gosto de fazer companhia para todo mundo, eu durmo na casa de um, depois na casa de outro. Quando durmo em casa sozinha, eu fico com medo. Agora, então, não fico sozinha. Está muito perigoso, tem gente quebrando porta para roubar. Eu tenho medo de morrer. Não gosto da casa de ninguém, tenho minha casa, vou na casa dos filhos, mas vou e volto, sou enjoada. Tem gente que só fica mandando, "Menino, faz isso! Faz aquilo!". Eu fico quieta. Minha filha, essa aí, ela não é enjoada, ela vai ficar mais *velho* do que eu.

As coisas hoje estão fáceis. Eu já passei muito aperto de fome. Naquele tempo o pai que trabalhava pra manter a casa, eu e mamãe íamos pegar aquele peixinho pra assar na brasa pra comer com pirão d'água, fazer aquele cariri de mato pra comer. Só ficou da minha família eu e um irmão que mora lá em Candeia, os outros todos morreram. Éramos quatro mulheres e um homem, as outras mulheres não resistiram e eu estou aqui rompendo até o dia que Deus quiser.

Eu não deixo minha filha sozinha aqui. Se alguém me chamar para dormir na casa dele, eu não vou. Só quando a filha dela vem para cá e traz a família eu vou pra casa do meu filho, mas não a deixo sozinha. Agora tem aquela grade na casa, mas não fico sozinha e nem ela, tenho medo. Esses dias atrás pularam na casa do vizinho, quebraram e roubaram tudo. Meu Pai! É tanta coisa que a gente faz para conseguir as coisas, o cara vem e leva tudo e não acontece nada. Nem a polícia não dá jeito mais, se corre atrás e pega o caboclo berra!

Já dancei muito forró, eu era danada. A gente ia à casa de um fulano cedo e à tarde era cachaçada, não era "cervejada", pois de primeiro não tinha geladeira pra gelar cerveja, era beber no quente mesmo. Eu nunca bebi cerveja. A gente dançava muito, era forró, mas em casa era a noite toda, começava às oito horas e íamos até as cinco horas da manhã dançando. Papai já ia direto para o barracão cuidar da criação e a gente continuava dançando.

A Dona Leocádia, ela ia lá para casa, nós duas pegávamos a roupa que dançávamos a noite toda e *colocava* no varal para usar mais tarde no forró de novo. A gente não saía de dentro de casa, não, dançava dentro de casa. Lá fora tinha muita briga, correria. Nós tínhamos até um pinico para urinar para não precisar ir lá fora, mamãe não deixava. Não posso ouvir uma valsa. Quando tinha lá em casa, saía dançando pelos cantos da casa. Não dava nem fome. Até hoje não posso ver um dançando que... como dizia papai, que a vontade vem! Hoje eu não vou à festa, porque hoje ninguém aguenta, ninguém pode dançar com alguém que já dança bêbado, vai me derrubar no chão. Não sabem dançar, Deus me livre! Fico com vontade de dançar, mas não danço. Esses não são modos de dançar. Já foi o tempo de saber dançar, dançam como animal no campo. Se a pessoa aguentar bem, se não *arreia*. Não tinha esse negócio de ficar pedindo ao namorado ou marido para dançar, podia ser preto, branco, bonito. Às vezes até um preto veio feio era melhor de dançar do que com certas pessoas bonitas. Nós sabíamos dançar valsa, dançávamos tudo. Eu dançava com meu marido e dançava com outros também, não tinha esse negócio de pedir. Enquanto eu dançava com um, já estava *flertando* outro, já estava tudo *figurado*.

Depois que me separei, não casei de novo. Esses dias que fui saber que ele morreu. Não vou na casa de ninguém. A vizinha aqui perto estava com o marido doente, nem fui lá. A mulher disse que era para eu dar entrevista, eu falei que não queria, não. Estava com vergonha, estava deitada, aí a danada da mulher veio.

Na minha época, não tinha violência, todos tinham amizades com os vizinhos. Hoje está uma violência medonha, qualquer coisa estão brigando e matando o peão. É bebida, é mulher, tudo é motivo para brigar. Minha filha largou o marido porque ele era violento, bebia muito e *balangava*. Ela dormia lá em casa e depois voltava pra casa.

Hoje não saio para canto nenhum, ninguém me chama mais para sair porque estou velha. Não participo de festa na comunidade. Não posso sair para pescar, ninguém me leva. Esses dias meu neto me levou no rio de lancha, uma canoa com motor *desgramada*. Fomos lá para praia, água salgada, já estava quase de noite. Eu só via aquele "bigode de água" e a canoa no meio, era muita água. Ele gritava e me mandava segurar na canoa. Eu estava sentada no chão da canoa só pegando o remo. Nós chegamos, eu estava toda molhada de água salgada. Fui tomar um banho e tomar um café. Estava toda machucada de tanto aquelas batidas de marreta da lancha. Se morrêssemos ali, íamos para o fundo do mar.

Tem pessoas aqui que dizem: "Dona Erlite é minha vó ou igual minha mãe", mas não sei por que. Eu sou enjoada, às vezes tem pessoas que ficam zangadas comigo, mas eu sou meio *cricri*. Eu não brigo com ninguém. Quando chega alguém na minha casa e pergunta se tem café, eu digo que sim, mas depois ainda fala que não ofereço café. Não preciso oferecer, a garrafa está em cima da mesa, é só pegar. Todo mundo que chega lá em casa eu estou sentada. Às vezes chega aquelas testemunhas de Jeová e eu estou sentada, eu deixo conversar, não estão comendo nada meu, não estão me xingando e nem reclamando de ninguém, para que vou trancar a porta ou me esconder igual muitos fazem?

Eu saio cinco horas da manhã e quando volto faço meu café, fervo meu leite e se tiver alguma coisa para cozinhar para tomar meu café, um beiju ou um biscoito, coloco no pote de vidro e deixo em cima da mesa. Fico aqui olhando, quando vejo está na hora do almoço, onze horas vou almoçar. Tem dia que nem está na hora do almoço, mas me dá uma fome, então eu vou e almoço. Depois me dá uma soneira, e não me importo de ficar com porta aberta nem porteira nem janela, me deito e não me incomoda até de chegar gente dentro de casa e gritar. Depois que levanto, vou encher minhas vasilhas. Ontem fiquei com minhas pernas cansadas de tanto andar pra cima e pra baixo enchendo para colocar água na caixa d'água lá em cima.

Então ligo a bomba dentro de casa, só pra tomar banho e jogar no vaso e encher vasilhas para lavar louça. Para beber eu compro água.

Eu gosto de costurar, invento um vestido dobrando roupa. Tenho uma preguiça de lavar roupa, pego do varal, coloco em cima da cama até arrumar um horário pra dobrar aquela roupa. Vou largando as roupas sujas, quando vou lavar, mais de dez vestidos... e coloco tudo naquele varal grande. Agora pouco eu disse que iria salgar um pedaço de bife de boi pra assar na brasa. Coloquei lá na corda e deixei, nem me preocupei com urubu. Eu não ia deixar de sair por causa do urubu, não sei se urubu comeu, só sei que vim para cá e deixei lá.

Todo mundo que passa aqui vê a Bilisco costurando. Eu costuro, conserto roupa, só não remendo porque ninguém mais veste roupa remendada. Antes o avesso era direito, ainda dobrava, assim, feito uma janela. De primeiro meus filhos, para trabalhar, eu pegava as roupas deles no domingo, lavava dos dois, Reginaldo e Júlio, e colocava no varal. Quando estava enxuta, eu pegava para consertar. Consertava tudo para segunda eles poderem usar para ir para roça. Hoje não, eles cortam um buraco para mostrar a pele e deixa quadradinho. Tem mulher hoje que não sabe nem pregar um botão, aí vem me pedir para costurar. Tem uma menina aí, já está uma moça, quando pensa que não vem com a roupa embaixo do braço aqui, para costurar um *tantinho* assim descosturado. Eu faço de tudo. Eu costurava na máquina, hoje não tenho mais. Se eu tivesse uma máquina, eu costuraria para as vizinhas. Já criei roupas, camisas, vestido, saia, só não faço calça.

Lá em casa todos tinham apelido, eu não sei por que mamãe colocou esse nome em mim. Eu tinha uma irmã gêmea. Mamãe colocou o nome dela de Erli e meu de Erlite. Ela nasceu primeiro, Erli, e colocaram o nome dela de Maria; e eu era Erlite, colocaram Bilisco. Agora por que Bilisco eu não sei, mamãe que fez essa invenção. Meu irmão era Manoel, mas colocaram o nome dele de Manduca. A outra irmã era Laurenza, mas colocaram Quéqué.

Mamãe matava porco e ele sempre pedia o focinho do porco. Mamãe cortava o focinho do porco e ficava só o nariz, mamãe limpava direitinho, cozinhava, então colocamos o nome dele de Emilio focinho. Ele andava comigo para o forro. Tem também o Joanilson, que o chamávamos de Juju, a Zenalia, que era filha do outro marido de mamãe, e Marilia.

Eu tenho um filho que mora em Vitória, o nome dele é Geralci, mas chamamos ele de Emilio. Ele liga para mim todo dia de manhã, briga comigo, eu também brigo com ele. Esses dias ele me falou que só ligaria para mim de novo depois que acabasse a aroeira. Então ontem eu liguei para ele e perguntei se já tinha acabado a aroeira lá, ele perguntou: "Por que mamãe?". Eu disse "Você falou que só iria me ligar depois que acabasse a aroeira, aqui ninguém está cortando aroeira, você já acabou a sua?". Ele riu muito e disse que eu era sem vergonha e descarada. Ele trabalhou muito em uma firma lá, agora ele tem seu negócio de serralheria. Outro dia, quando ele esteve aqui, colocaram o nome dele de Chico Careba. Era um moço que morava lá em Barra Nova. Nos já colocamos muitos nomes nele.

Eu andava com a irmã Zenalia para comprar roupa para ela. Nós íamos para a igreja *tudo* vestido com uma saia com *calçãozinho*, *tudo* com pé descalço, que não tinha dinheiro para comprar [calçado]. Quando tinha aqueles rasgadinhos, eu costurava de noite. Papai trazia a gente para a igreja e ficávamos o dia inteiro, amanhecia o dia lá na igreja. O Manoel da Véia, eu vi aquele menino pequeno, a mãe dele morreu no parto. Uma velha que *criou ele*, a mineira. Ele é um homem atentado, aquele velho.

Quando era criança, eu brincava muito. Tinha uma irmã que pegava aquelas *barba* de milho e fazia aquelas bonequinhas. [Com] aquela *banhazinha* de boi mamãe fazia peteca. Para nós não era peteca, era laranja. A gente não ia para casa de ninguém brincar, brincávamos de boneca, um pedacinho de pau que a gente enrolava um pano. Uma vez teve um ratinho pequeno, nós pegamos aquele bichinho novinho, *enrolava* um pano e *colocava* em um pau e *brincava*. Chega estava *vermelhinho* de tão novinho que estava o bichinho. Não *machucava* ele, só brincávamos com rato. Dentro de casa nós éramos arteiros. Nós não brigávamos com as irmãs, nunca brigamos, mamãe sempre estava perto. Tinha um tio que morava junto conosco, ele morreu solteiro e velho. Eu cuidava dele também.

Mamãe saia lá na *guarandeira* buscar *canganhar* de madeira e nós ficávamos *deitada* aqui no assoalho. Vinha aquele velho para cá na *carrera*[5], nós corríamos *e se escondia* com medo, tudo nos tínhamos medo.

Eu pescava, pegava aquele *acará*, colocava para assar, colocava sal e jogava na brasa. Pegava uma tigela, colocava pirão assado, cada um comia um pouco. Agora se usa um tal de bote, de primeiro era aquele *batilao* grande ou canoa. Eu saía mais. Meu filho pequeno, ele não sabia remar, então ia no barquinho. Aquele *balcedo* que tinha aquele guincho que metia o cesto, ele agarrava no pau do mangue nos galhos, aí segurava a canoa pra eu sentar. Eu debruçava canoa na polpa da canoa e metia o cesto embaixo da água, e quando eu suspendia o cesto, vinha camarão, siri, até sapo vinha junto. Eu ia soltando devagarinho para o sapo sair para eu poder colocar dentro da canoa. A água ficava espumada de tanto trem que eu apanhava, tanto siri, camarão, peixe, traíra, pial. Quando chegava em casa, estava toda suja de lama, um sebo. Tomava meu banho para depois ir tratar os peixes. Eu olhava para o fogão, não tinha nada. Me dava uma raiva porque chegava cansada do rio e não tinha nada para comer, nem o fogo estava aceso, nem um café tinha na garrafa. Não era garrafa, era bule.

Nós íamos com papai, coitado de papai... sofria! Cada haste de mangue que nós colocávamos nas costas escapulia. Papai atravessava um valão e [quando] caía o pau lá de cima das costas, ele colocava outra vez. Nós sofríamos carregando pau, madeira. Hoje, quando você manda uma menina aqui, de dez anos ou muito mais, ela já reclama ou fala que não pode. Eu mesma tirava mangue para fazer minhas coisas, cortava o pau, fincava, [mas] ele caía. Eu não sabia fazer a boca do pau, caía no chão na lama, eu metia o ombro, estendia até sair da lama. Eu me metia no mangue para cortar a rama, já trabalhei muito...

Tivemos uma seca aqui de seis meses. Tem muitos que reclamam que a água está salgada, que tem seca. Dizem que é castigo. Que

---

[5] Correndo.

castigo! No meu tempo, quando eu era mais nova, deu uma enchente aqui de água salgada que os tomates ficaram brancos de tanto sal, encheu tudo aqui. Quando íamos para o mangue, nós pulávamos de uma barreira do mangue para colocar lá no canal do rio a vara para puxar a corda para pegar siri. Enchíamos os *tamborá* e ainda enchia uma trouxa de siri e voltava para casa.

Eu já passei muito aperto de fome. Hoje está tudo fácil, mas passa muito aperto das coisas, quando levanta a cabeça, já está de idade. Hoje tem menino com valentia só porque tem dinheiro. Hoje estamos vendo do jeito que está, cada vez eu acho pior. Se Deus não tomar conta da gente, nem sei. Quando a gente era pequena, tínhamos uma criação, hoje a criança não tem uma criação, o pai não dá mais uma criação, ele enfrenta o filho. Eu criei meus filhos sozinha, meu marido me largou e papai me ajudou. Não criei meu filho com *coicera*[6], nem nada. Hoje a gente não pode falar nada com filhos dos outros e nem com os nossos. Meus filhos eu criei tudo direitinho, graças a Deus. Eu tinha que tirar um *pucado*[7] de palha, igual de dendê, mas não parece espinho. Saía eu mais minhas companheiras e tirava aquele fecho grande, colocava na cabeça, caía para trás, a gente pegava do chão e jogava nas costas de novo. Quando chegava em casa, a gente colocava de molho para tirar o sujo e ficar só os *cabelinhos* para poder vender. Vendia o quilo, juntava muito para dar um quilo. Faziam rede e tarrafa. Assim criei meus filhos. Muitas mães ficam com safadeza, com *ladroagem*, mexendo com maconha e não criam os filhos. Eu criei meus filhos *tudo direitinho*, graças a Deus, criei cinco filhos. Hoje você sabe quem sabe e quem não sabe criar seus filhos. Igual criei os meus, eu não vejo. Eu não tenho inveja, mas soube criar meus filhos assim como eu fui criada. Minha filha é enjoada com meus netos, eles também são muito arteiros, mas lá em casa eles tratam direito.

Do jeito que fui criada eu criei meus filhos. [Se alguém] batia neles, eu ia em cima, derrubava no chão, pegava, jogava aqui na frente

---

[6] Referente a coice.
[7] Um bocado, um tanto.

e batia, mas eles também respeitavam todo mundo até hoje. Na hora da comida tinham que ficar ali fora, não ia para casa onde estavam os velhos, só os mais velhos que almoçavam ou jantavam juntos com meu pai e meus filhos. Quando não era isso, era junto comigo. Quando eles brigavam, ele batia em todos. Hoje tem família que os pais não podem nem bater nos filhos que vai preso, é por isso que estão assim dessa maneira, porque não têm medo. Se a mãe falar alguma coisa hoje, *nego* que vem com um pedaço de pau igual um cachorro. Hoje você fala com menino, ele vai e faz careta. Os *meu* não, foram *tudo* bem criados, graças a Deus.

Todo dia, quando anoitecia, era "Benção, pai", "Bênção, mãe", "Benção, meu tio, minha tia", quando amanhecia era a mesma coisa. Hoje em dia deita como um cavalo, amanhece o dia ninguém sabe quem é pai. Ontem mesmo teve uma mulher que chamava o pai de "você". Ai de mim se chamasse meu pai de você ou de qualquer coisa que ele escutasse. Ave Maria! tinha que chamar ainda de bonito. Meu pai era muito genioso, mas hoje ninguém sabe o que é pai, o que é mãe. Não tem padrinho não tem nada, *nego* tem uns animais aí no campo e acabou. Hoje, se facilitar, filho mata pai, enche a cara de droga. O pai vai falar e o filho ainda quer matar o pai ou a mãe. Até neto não sabe o que é uma bênção, não sabe nada, nem dá um bom dia. O pai não está nem aí, parece um pedaço de pau. Nos dávamos benção na hora de deitar, na hora de levantar e tudo.

Na escola eu fui, mas não aprendi nada, eu era muito arteira. Eu acho que eu não aprendi porque apanhava, eu tinha uma raiva. Naquela época não tinha computador, tinha aquele punhado de coisa pra gente contar, se perdesse a conta, a gente apanhava, a professora batia com a régua nas costas, era uma bagunça de brigas. As escolas particulares não gostam de grupos iguais àqueles. Hoje, nas escolas, as professoras não batem, porque agora não tem mais ordem, mas colocam de castigo ou mandam embora. Eu apanhei muito, não sei fazer nada, nem meu nome. Acho que porque eu também não tinha incentivo à leitura, nem sabia o que era, mas serviço eu sabia, a gente trabalhava no mangue.

Tenho muita história pra contar. Eu estava conversando com o filho de Zila, ela tinha dois filhos e a menina, Lizete Cardoso. O pai dele tomou tudo que a mãe tinha, então eles o colocaram na rua. Ele já morreu. Eu nem sabia que ele era filho de Zila. Meu Deus, se eu fosse falar alguma coisa de errado. Ele é filho do outro marido de Zila, Djalmo Cardoso. Ele estava conversando sobre meu marido, que foi casado com uma mulher no civil e largou para casar com uma tal de *caboclinha*. Ele estava na olaria fazendo tijolo ou telha sei lá – o pai dela. Aí então, quando chegou em casa pegou ela em cima da cama com Umberto Cardoso. Ele a pegou pelos cabelos, cortou tudo, parecia uma égua. Na época cortava cabelo para vender, cortava o rabo do cavalo para poder vender, fazer rédea. Ele bateu nela e largou de vez. Nem ele nem Umberto ficou com ela, Umberto casou com outra. A *caboclinha* não fala com ninguém. Ela tem duas filhas, Jandira e Margarida. A Margarida reconhece meus filhos como irmãos, já a Jandira não reconhece e não quer nem saber que são irmãos dela.

A Chica vizinha, ela está velha e acabada. Outro dia, quando um irmão meu morreu, ela veio aqui, agarrou o pai de Marinha também. Aquele era *desgramado* para mulher, e teve quatro filhos, Bina, José e Jair. Esqueci o outro, são dois casais. José que ficou de vir aí na casa de Marinha. Ela se deu tão bem com eles, ficamos lá na casa dela morando um tempo para ver o pai dela. Ela mandava me buscar, eu ia para lá.

Tem a Penha, é solteira, trabalha fazendo faxina, e Zilá está velha e acabada. Depois ele arranjou outra mulher, mas acabou não ficando com nenhuma. Quando ficou doente, eu nem fui lá ver ele.

Agora aquele ali é homem atentado, quando ele era pequeno a mulher batia nele. A mulher dele morreu. Rutiane tinha cinco meses de nascida, nós fomos no casamento. Eles mataram um peru, fizeram um jantar, ele passou a mão numa esteira velha e colocou nas costas e saiu para morar na casa dele, como disse a história do "viajante, esteira velha [e] canto molhado".

A mulher estava com um espinho na goela, não quis dar de comida a eles. Isso aí é Jesus quando teve passagem pelo mundo. Aí chegou pedindo comida, ele disse: "Ô, Marilia, só dá o peixe miúdo a ele. Os peixes grande não dá, não". Ele fez, jogou água no canto da casa, colocou uma esteira velha e deu o peixe miúdo. O homem comeu e foi embora. Ela foi jantar o peixe e não aguentou porque ficou um espinho na goela. "Maria, vou chamar aquele homem ali para benzer a goela dela", então ele veio dizendo: "Esteira velha e canto molhado, peixe miúdo para o velho comer!". Esteira velha e canto molhado, porque ela jogou água e colocou esteira velha para ele, e peixe miúdo para o velho comer. Está vendo a reza que ele tinha, então rezou para ela. Benzeu três vezes na goela, então o espinho saiu. A reza dele foi o que fizeram para ele, ninguém mandou guardar o peixe grande para ela. Está vendo como são as coisas? E tem mais histórias para contar.

Vivíamos aqui um comunismo, onde todo mundo vivia em comunidade, todo mundo vivia bem: memórias de Jerônimo Nunes Coutinho[8]

Eu nasci em 1961 e me criei aqui, passei as desgraças do regime militar, sofri muito, meu pai também sofreu. Esse lugar existe desde do ano de 1500, quando veio um pessoal lá de Aracaju, Ceará, e naufragou aqui na praia de Barra Nova saindo de uma seca. Eles ficaram aqui durante um bom tempo, tiveram relacionamento com os índios. Nativo, na língua Tupi Guarani, que é a língua dos nossos antepassados, quer dizer terra farta, terra de todos. Aqui e em todo o município de São Mateus aconteceu o maior genocídio da história do Brasil. A morte de muitos índios e do presidente Mensal Filho aconteceu no rio, na Batalha dos Aymorés. Os índios foram pegos aqui, os covardes de São Mateus botavam veneno nas comidas e frutas, depois de envenenados tiravam-lhes as orelhas e *botava* na salmoura. A pior covardia que já foi feita depois do descobrimento dos índios daqui dessa terra, assim ouvi meu bisavô contar. Depois disso, essa terra nunca mais cresceu, sempre desse tamanho, sempre sendo explorada devido a essa maldição que foi feita aqui. Nossos antepassados foram expulsos daqui, hoje o cemitério da comunidade se localiza onde era o cemitério dos índios, onde se *colocava* as urnas com os corpos. O Iphan[9] *teve* aqui para fazer um trabalho, mas com a sacanagem desses prefeitos bandidos – aliás,

---

[8] Entrevista concedida a Juliana Leonel Castro. Transcrita e transcriada por ela e revisada por Ailton Pereira Morila.

[9] Instituto do Patrimônio Histórico e Artístico Nacional.

todos os políticos hoje são bandidos – não fizeram nada, ficaram de fazer um museu aqui, porque foi onde encontraram as peças, porém puxaram lá pra São Mateus.

Nos anos 70 vivíamos aqui um comunismo, onde todo mundo vivia em comunidade, todo mundo vivia bem. Vivíamos em torno da criação de porco solto, a Sadia queria montar o porco e o frango de granja, e na erradicação dos cafezais erradicaram também nossos porcos. Aqui viviam 30 famílias, tudo em torno da criação de porco, hoje só *mora* eu e mais três a quatro famílias. Os outros foram expulsos, porque um bonitão lá achou interessante botar uma criação de gado. Foi *feito* uma reunião, a Sadia também querendo montar a criação de porco de granja. Aqui era o maior produtor de porco, nós vivíamos a maior maravilha aqui nessas terras, não tinha essa falta de água nem esse sal que tem aí, drenaram a água todinha, porque a Sal Globo queria montar uma criação de boi. Hoje nós sabemos que é um boi para cada hectare, mas [a] Sal Globo queria botar oito bois por hectare, com isso, tiraram a água doce todinha e jogaram no mar. A Sal Globo e a Imobiliária Lima Lima roubaram o Estado e para lavar o dinheiro fizeram um dique numa lagoa imensa que tem aqui e puxaram a água doce *todinha*, jogaram no mar, puseram minhoca para decompor matéria orgânica e botaram oito bois por hectare. Aí lavaram o dinheiro que eles roubaram do Banestes, largaram o projeto de lado e ficou nós com essa água salgada que vai até São Mateus. Isso devido ao Estado, que fez isso junto com o Incra[10] e com o Incaper[11], e nós ficamos com a maldição. Vocês lá na cidade também, com a maldição da água salgada, que roda isso tudo.

Então nós vivíamos nessa maravilha, todo mundo em comunidade. Quando alguém chegava de manhã e falava que queria um caminhão de porco, à tarde todo mundo chegava com até *vintes* porcos, mas era muita gente, todos viviam felizes. Quando era festa do município, a antiga exposição, meu pai alugava um caminhão, enchia de porcos, feijão e farinha para nós passarmos a exposição

---

[10] Instituto Nacional de Colonização e Reforma Agrária.
[11] Instituto Capixaba de Pesquisa, Assistência Técnica e Extensão Rural.

na cidade, porque a criação de porcos dava condições para fazermos isso. Hoje a gente não tem nem dinheiro para pagar uma passagem até São Mateus.

A Sadia está aí, rica. O regime militar de João Figueiredo com o "plante que o João garante"[12] veio, matou e confiscou nossos animais todos. A polícia vinha aqui, mandava prender os porcos e atirava, matava, jogava gasolina e pronto. Foi a pior covardia que já fizeram em nossa comunidade e assim em todo o município. Hoje não tem mais criação de porco, puseram boi, quem pode ter boi tem que ter bastante terra e quem não tem vive aí. Muita gente foi para a cidade para morrer nas favelas porque não tem como viver, e aqui vivíamos às mil maravilhas. Então esse sofrimento ninguém conta, os livros não contam, nossas escolas... Estou maravilhado que vocês estão aqui, eu estou numa felicidade imensa porque isso se perde. Meu pai contava, meus irmãos, meu bisavô contava, mas os livros não contam, porque foi a covardia que o Estado fez com o povo, com a comunidade, com as pessoas, os nossos irmãos índios, que foram mortos. O quilombo era aqui no cedro, onde viviam os negros. Queriam acabar com todos eles, o Estado brasileiro que financiava, mataram e tomaram toda as terras. As pessoas das grandes fazendas, como a da Sal Globo, Gilcafé, Zon, todas essas pessoas botavam cachorros nos negros. Eu consegui ver papai dando abrigo às viúvas com os filhinhos, eles matavam os maridos e expulsavam a viúva com seus filhos, mas isso a história não conta, isso ninguém conta porque vai prejudicá-los, é triste o que eles fazem, mas não querem que saibamos.

Eu estou feliz, porque eu vi na televisão um projeto escrito do livro das comunidades, fiquei maravilhado porque as pessoas têm que saber porque que vivemos nesse atraso, porque vivemos nessa pobreza, por causa dos políticos bandidos que vivem atacando o povo, comendo o dinheiro do povo. Hoje pelo menos só pegam o dinheiro, antes faziam covardia pior.

---

[12] Programa de incentivo à agricultura, idealizado pelo Ministro do Planejamento Antônio Delfim Netto e pelo presidente João Figueiredo durante a ditadura militar.

Então, voltando [a] como era minha vida, a vida dos meus pais, nós vivíamos numa maravilha, não existia veneno na comida igual existe hoje e que mata muita gente de câncer. Para se criar um frango hoje, são 40 dias; para se criar um porco, uns 100 dias hoje, acho que nem isso, o nosso não, era da natureza, comia ração bem natural e não ração transgênica. A gente vivia nessa maravilha, eu ainda tenho um pedacinho que eu ainda crio porco solto para nosso próprio consumo, porque eu não gosto de comer nada que contém veneno, não gosto do óleo de soja, tem veneno puro, não gosto de comer carne de porco, veneno puro, não gosto de comer frango da Sadia, que é veneno puro. Então eu tento produzir o máximo aqui para comer, para prevenir o câncer. Tudo o que faço é com produtos orgânicos, pois tenho consciência de que a química, além de perigosa, é muito prejudicial à saúde.

Hoje, no meio rural, tem pessoas que passam fome. Quando tem greve na escola, eu peço à diretora para não aderir, porque muitos alunos vêm para comer a comida da escola porque não têm em casa. A pessoa não tem como viver, apelam para o álcool e deixam as crianças passando fome, algumas até morrem. Hoje conseguimos colocar uma escola que enxerga um pouco além, que ainda dá comida a essas crianças. Antes era uma fartura imensa, era uma imensidão de água doce, hoje tudo está sendo contaminado pela lama da Samarco, o mar, as propriedades, o capim, animais morreram e ninguém faz nada. Meu sonho era que alguma faculdade viesse aqui nos ajudar, porque eu vejo em Viçosa, a faculdade de Viçosa fez isso no meio rural, me questiono se nossos universitários não têm alguma coisa que possa nos ajudar. Já estive com o secretário de Agricultura, que disse que envolveria a faculdade nessas questões rurais, fiquei torcendo para que meu sonho se realizasse.

Nossa felicidade acabou quando chegou a criação de boi, pois só quem podia criar era a Sal Globo, Lasgrael, Roberto Carlos, todos eles têm fazenda aqui. Secaram a lagoa e botaram o boi, o local se chama Fazenda Cedro, mas área de criação de boi é muito grande, vai daqui a Linhares. Só criação de boi, só gera emprego para somente uma pessoa, que cria em 200, 400 alqueires de terra, enquanto que na agricultura familiar isso dava aí para ocupar umas 100 ou 150 famílias, *né*. Mas o povo foi embora, alguns se perderam nas drogas, hoje tem pouquíssimas pessoas de minha faixa etária, desde os anos 70 para cá foi só sofrimento, a tendência do governo é acabar com a agricultura familiar, deixar o agronegócio elaborar o próprio plano para receberem milhões, como a gente já vê aí na televisão. Esse frigorífico que está sendo investigado, por exemplo, por dar dinheiro a bandido, só falam em milhões, mas da agricultura ninguém fala e nem faz nada.

Enquanto comunidade nos movimentamos, nos organizamos e, com a colaboração de todos, ajudamos na escola, ajudamos uns aos outros, ensinamos a produzir sem veneno, ensinamos a colheita de aroeira, que está em alta no momento. Estamos em plena colheita, não colhemos porque está chovendo, mas é um produto muito caro de exportação. Hoje pagam aqui cinco reais o quilo para o atravessador, mas vendem em torno de 150 dólares. Toda a plantação sem veneno, mesmo assim não é *valorizado*. Os Estados Unidos não *come* veneno, mas *quer* pagar barato pelo produto. Depois da criação de porco, a aroeira é nossa única saída, porque é um produto que vence a seca. Não chamam de aroeira, é a pimenta rosa.

A Barra Nova, aqui perto do Nativo, foi *cavado* por mão de homem. A natureza era desse jeito: o rio andava certinho, desaguava no mar de Barra Seca, só saía na época de enchentes, a água ficava tipo uma esponja, sendo liberada conforme a seca.

Mas acharam bonita a história do navio de José de Anchieta que naufragou. Ele havia enterrado um sino de ouro na praia quando nossos irmãos índios *tupis-guaranis*, nossos antepassados que batizaram aqui de Nativo, que significa terra farta, o *perseguia*. O sino encantava os navios com seu clarão, que acabavam dando na costa e *naufragava*. Lá é cheio de restos de navio.

Uma vez veio um navio de Aracaju cheio de algodão, óleo de algodão, roupa de algodão, coco, e que o tripulante deu para a comunidade do Nativo. Mas a família Zogaib, de São Mateus, que tinha um comércio, veio com polícia e bateram nas pessoas da comunidade, tomavam, diziam que havia comprado a carga e *tomava* o óleo de algodão todinho. Eram tonéis e mais tonéis de 200 litros. A polícia batia para tomar, quando foram bater em meu tio, ele falou que em homem não se batia, em homem se matava. A polícia se assustou, foi dar uma chibatada nele, ele segurou e jogou o policial no chão e ia espetá-lo na faca. Ele conseguiu sair fora, meu tio passou a mão no revólver do policial e o matou. Nunca mais ninguém veio pegar carga aqui. Mas eles não entendiam que o óleo de algodão era para comer, então, furavam o latão, entornavam o líquido para utilizá-lo para guardar água.

Na época, um delegado também levou um tiro. Isso foi lá para os anos 40, 45, 50, depois da Segunda Guerra Mundial. Acredito que o Estado ficou com raiva pela morte do soldado e tudo que era de mudança em São Mateus, como a erradicação dos cafezais, *vieram* erradicar também os porcos porque eram daqui. Ficou uma maldição e a pobreza tomou conta no meio rural. A gente sabe que rolou um dinheirinho e rola até hoje. Depois que acabaram com [a] criação de porcos ficou um pouco mais difícil, mas mesmo assim aqui ainda é o melhor lugar para se viver, apesar das injustiças cometidas pelos políticos e a própria Justiça.

Minha mãe era professora. Hoje onde é o centro comunitário foi construído um colégio que ficou pronto, mas ficaram três anos sem utilizar. Por causa das brigas políticas, foi construído em 1958. No governo de Abuíno[13], o vice-governador Adelson Salvador[14], que era amigo do meu irmão seminarista – aliás, os dois eram seminaristas –, quando meu irmão Joanilson veio a falecer, o Adelson ficou muito amigo da família. Um dia ele estava indo pra Nova Venécia mais o governador e sobrevoou aqui, reconheceu nossa casa e pousou no quintal. Ele tinha minha mãe como mãe, por isso perguntou o que ele poderia fazer por ela. Ao invés *dela* pedir um emprego para mim, que estava recém-formado em técnico em Agropecuária, ela pediu um colégio agrícola para a comunidade, pra crescer a agricultura, crescer e desenvolver aqui. O governador na mesma hora assinou um projeto e liberou o dinheiro, mas construíram aquele colégio que

---

[13] Albuíno Cunha de Azeredo (1945-2018) foi um engenheiro e político brasileiro eleito governador do Espírito Santo em 1990, pelo Partido Democrático Trabalhista (PDT).

[14] Vice-governador do Espírito Santo pelo PDT, de 1991 a 1994.

vocês viram ali, era pra ser do outro lado de trás, em um outro compartimento maior que aquele que ficou só na base. Iam comprar três alqueires de terra, mas o prefeito aí de São Mateus desviou a verba. A educação também teve atraso por esse motivo, por não desenvolver aquilo que sonhávamos, uma escola voltada para o meio rural, *né*. Ficou um tempo fechado, eu já tinha perdido as esperanças de ter um colégio voltado pra agricultura até que conseguimos trazer a escola em alternância, mas já tínhamos perdido tudo. As pessoas foram pra cidade, perderam a vontade de morar no interior, mas mesmo assim está caminhando, os alunos estão enxergando a história do nosso lugar, o que já se passou por aqui.

As empresas não fazem nada de bom aqui, traz prejuízo como trouxe a Samarco. A gente vive nessa luta por melhorias, de uma educação voltada para o campo, para que os jovens não se percam como os jovens de São Paulo que se perderam na Cracolândia. As drogas invadem a cidade e o meio rural também. Fico triste por ver o universitário estudar pra poder sair fora. É terrível como chega a mente do ser humano. Hoje a gente fala para as pessoas estudarem pra crescer, pra desenvolver, [e] a pessoa estuda pra sair fora. É terrível, é um atraso.

Nos anos 70, depois da erradicação dos porcos, a Petrobras veio aqui, tirou o petróleo daqui e não deixou nada de responsabilidade social. Ainda me lembro da manchete do jornal de São Mateus, *Jorra Petróleo em São Mateus*. O prefeito Wilson Gomes[15], se não me falha a memória, foi nos anos 60 a 69, se lambuzou de petróleo. Desde então Petrobras é uma das causadoras da miséria daqui, retirando o petróleo, injetando água. Como não tinha nada isolante, a água se espalhava e danificava o lençol freático, mas ela não assume a responsabilidade. Se vão pesquisar o petróleo, explodem um explosivo que atinge uns 100 a 150 metros. Lógico que vai mexer no lençol freático, aí qualquer lugar vai dar água salgada, dar água verrugosa que danifica tudo por onde passa. Ela guardou o dinheiro para entregar para os bandidos de Brasília e nós sofremos as consequências. Mas pouca gente vê, porque só assistem à novela.

---

[15] Prefeito de São Mateus pela ARENA (Aliança Renovadora Nacional) de 1967 a 1971.

Hoje, no meio rural, não podemos ir na casa do vizinho tentar conversar, porque tem que assistir à novela. Antigamente não era assim, quando vinha o ônibus de São Mateus era uma festa, a gente ia assistir *o* ônibus chegando. Como éramos jovens, gostávamos de ver as mocinhas que vinham no sábado porque estudavam em São Mateus. Era uma festa. Mas esses valores se perderam, íamos visitar as comunidades, as casas, os vizinhos. Hoje a diversão do meio rural é jogo. Morro de raiva quando vejo o tal do Neymar comprar avião lá de não sei quantos milhões e eu não posso comprar nem um litro de gasolina. Aí botam aquele monte de gente correndo com a bola, botam a arena Maracanã, que roubaram não sei quantos milhões. Não assisto porque me sinto conivente com os bandidos, a gente vê que a mídia tá botando na cabeça que temos que segui-la, que não podemos dialogar mais com ninguém, nem ouvir os pais. Fica todo mundo vidrado na novela, mas na hora do Enem[16] ninguém passa, na hora de fazer um concurso ninguém passa. Chega *na* cidades, os alunos do meio rural não conseguem acompanhar. A Secretaria põe aqui os professores ruins, querem machucar as pessoas do meio rural. Mas o povo rural está presente em toda revolução que acontece, reivindicando seus direitos em Brasília, pressionando os bandidos. As pessoas do meio rural não estão tão atentas quanto éramos.

    Lembro quando eu era jovem, tinha formação, saíamos para outras comunidades para ver o que estava se passando, nos reuníamos no KM 41 para saber o que que eles estavam fazendo com a educação, qual era o rumo. A questão do Enem, já víamos isso há muito tempo, sabíamos que eles iam fazer isso. Deixam a pessoa sem estudar uns cinco a seis anos para depois aplicar a prova em dois dias. Deveria ser feito a cada ano, igual quando você passa de ano, você teria um ponto para você passar no Enem no final. Agora, se você no segundo ano foi ruim, aí não teve a porcentagem de ponto lá, mas servia pra você na contagem final. Não sei como é que esses caras pensam, pensam tudo para atropelar os estudantes, não dão condições de boa escola e *quer* que você mostre resultado. A educação é um dos fatores para

---

[16] Exame Nacional do Ensino Médio.

mudança do mundo, mas tem que ser uma educação voltada para cada realidade, mas duvido que me *escutaríamos*, só escutam os grandes.

Aos 57 anos cheguei a viver um pouco do regime militar. Não podíamos conversar, não podíamos ouvir uma música. Hoje tem uma poluição sonora nas músicas, esse tal de pancadão é um atraso de vida, não tem uma poesia, não tem uma letra bonita, antigamente tinha.

Roberto Carlos que cantava a música que fez em homenagem aos caracóis de Caetano Veloso, "debaixo dos caracóis dos seus cabelos". Isso é uma música muito linda, mas ele não podia cantar porque o Caetano também lutou contra o regime militar. Às vezes tenho saudade da censura, se ela não fosse tão amaldiçoada, poderia voltar. Meu pai tinha uma sala de forró, era em uma casa de família, dançávamos de segunda a segunda. Ele mandava matar porco, pedia para minha mãe mandar a farinha, ela ficava uma arara. Mas era uma alegria só, porque não vivemos só de trabalho.

Em 74, ano da Copa do Mundo, que apareceu o rádio. Papai comprou um rádio, ele fez uma varanda e botou uns bancos, todo mundo vinha ouvir. Era um rádio grande, eu tinha até poucos anos, mas acabei vendendo para um cara de São Mateus, dono de uma casa de rádio. Ele me perturbou até eu vender e me arrependo até hoje. Tentei comprá-lo novamente, mas ele já havia mandado para o Museu do Rádio. Assistíamos "A Voz do Brasil", éramos informados. Lembro da propaganda "Plante que João garante", de João Figueredo, que mandava plantar dando subsídio para plantação de feijão e milho. Apesar da miséria do regime militar, algumas coisas foram boas. Ele obrigava a empresa de eucalipto a plantar comida. Hoje os deputados fazem lavagem de dinheiro do BNDES[17], restando para a gente apenas comprar comida exportada, cheia de veneno. Hoje eu colho 20kg de quiabo por dia, mas tenho que passar para terceiros porque os supermercados não aceitam meu bloco. Antigamente eu mesmo poderia vender. Vivíamos em uma alegria. Quando minha mãe matava porco, distribuía com os vizinhos; quando os vizinhos matavam, era a mesma coisa. Tinha dia que recebíamos uns quatro

---

[17] Banco Nacional de Desenvolvimento Econômico e Social.

presentes por dia, vivíamos o verdadeiro comunismo, era tudo em comum, era tudo dividido certinho. Quando pescávamos o peixe, era distribuído igualmente; quem tinha a rede também ganhava. Esses valores ficaram perdidos, *deu* lugar à ganância.

Conheci minha esposa quando estava fazendo o Censo do IBGE[18] nos anos 80. Cheguei na casa do pai dela, falei para ela que a achava bonita, mas ela era rebelde e não quis casar comigo. Passou o tempo, ela casou com outra pessoa e eu também casei, mas me separei depois. Ela também se separou e, como um bom agricultor que não apressa a colheita, eu a esperei, recitei uma poesia para ela, ela se apaixonou e nos casamos faz 20 anos. Ela tem dois filhos e eu tenho uma menina que não mora comigo, mora em São Mateus. A gente vive aos trancos e barrancos, mas vamos levando a vida, plantando e colhendo produtos sem química, plantamos aqui feijão, cana, abóbora, aroeira e alho. O alho serve também para espantar os insetos e mau olhado. Na entrada de minha propriedade tem uma caveira que é para espantar mau olhado, corisco e eclipse. Tudo isso aprendi com meu avô, que passou também para meu pai.

Como hoje os jovens não têm interesse nessas histórias, acabam perdendo as experiências vividas pelos mais velhos, por causa do celular e da internet que os distrai. Os espíritos que vêm para atacar e estragar a lavoura, o Saci que estraga os animais, a Caipora que busca as pessoas. A Baleia Azul[19], que já fez jovem se jogar de prédio, é influência da Caipora, ela pegava as crianças que não eram batizadas e que não criam. Ela já pegou a filha do vizinho e a levou para o mato, foram encontrá-la depois de três dias sentada em um formigueiro. Para tirar o espírito, era preciso alguém mais velho para fazer a oração do Credo. Como a pessoa mais velha havia esquecido a oração, minha mãe que foi. A mata era a uns quatro quilômetros, minha mãe orou e a Caipora saiu. O espírito é o mesmo espírito da Baleia Azul que pega os jovens lá em São Paulo, só que agora é pela internet. As drogas também é o espírito que pega.

---

[18] Instituto Brasileiro de Geografia e Estatística.
[19] O Jogo da Baleia Azul era um jogo virtual de desafios que ficou famoso por levar vários jovens ao suicídio.

Isso tudo aprendíamos com os mais velhos, que nos ensinavam como conquistar uma moça, como se trajar em diferentes ambientes, respeitar as pessoas e até questões sexuais, mas são valores que foram se perdendo com o tempo. Hoje temos novelas com pessoas nuas, apenas com pintura no corpo, temos a tatuagem, temos os brincos e os piercings.

A igreja daqui tem uns 100 anos. A primeira, que era dos meus avós, caiu. Essa agora foi construída com o esforço do povo, de tijolo e pedra. Era um santo só, São Pedro, santo protetor das famílias, que veio de Portugal, mas algumas pessoas queriam São José. Entraram num consenso e ficou os dois. Um dia, durante a festa de São José, um cara, que estava com umas pessoas que vieram do Rio de Janeiro para participar da festa, com um canivete raspou a imagem de São Pedro e percebeu que era de marfim. Roubaram o São Pedro através de uma escada que colocaram na torre.

Os senhores mais velhos choravam muito. Eu era coordenador, por volta dos anos 80 a 86, por aí, e decidi fazer outra imagem, pois os senhores poderiam adoecer de tristeza, mas não era de mais de marfim, era de gesso. Quando essa imagem chegou, foi a maior festa, as pessoas foram em procissão buscar a imagem à beira do asfalto. Aqueles senhores de idade com a caixinha de foguete debaixo do braço e cantando, isso tudo deixa marca. Coisas simples, mas que as pessoas tinham muito carinho. As pedras que serviram de base para a igreja foram retiradas de Barra Nova pelo senhor Dezionor Machado através de uma canoa. As pedras eram as mesmas utilizadas para fazer Barra Nova e, como não havia explosivo naquela época, eles tiravam areia de cima da pedra, *botava* a lenha, *botava* fogo e, quando estava quente, eles jogavam água fria, que estourava a pedra. Serviu também para o centro comunitário. *Chamavam ele* carinhosamente de Nozinho, e em sua homenagem colocamos o nome dele no centro comunitário.

Nativo, como os mais velhos contaram, é o título de um livro escrito por padre Derli Cezari[20]. Eu recebi um exemplar, pois ajudei minha mãe, e meu pai também ajudou a relatar, mas fui emprestando e acabou se perdendo.

---

[20] Não conseguimos encontrar a referência dessa obra nem do autor. Nem nessa grafia nem outras próximas (Cesari, Cesare).

Aqui na roça só tomávamos café, caldo de cana, era tudo natural. A gente crescia tomando caldo de caranguejo que a mamãe fazia para nós, crescemos todos fortes. Hoje não uso creme dental, para evitar câncer. Aprendi a fazer um defensivo que serve, além da plantação, para higiene bucal. Aprendi em um curso financiado por Marcos Palmeiras, que investiu um milhão para a formação de 70 agricultores. O nome do defensivo é EM (microrganismo eficiente) e é retirado da mata, utiliza arroz, água e caldo de cana. Nesse curso aprendemos também a como plantar conforme as fases da lua. Mas são coisas que não são valorizadas porque não passou na Rede Globo, infelizmente tem que passar na Rede Globo para ter valor.

Nossa família teve as terras roubadas por Racini Figueira, que aplicou um golpe em meu pai. Ele armou para que meu pai assinasse um documento em branco como se estivesse recebendo por serviços prestados, mas na verdade era um contrato de compra e venda. Fomos surpreendidos quando vimos os empregados dele *trazer* nosso gado para essa terra, que na época também era nossa. Como a terra era pequena, a maioria dos meus irmãos foram para cidade, restou só eu e mais um. O Racini morreu depois, de câncer na garganta.

Foi através do governo Lula que as pessoas começaram a voltar para cá, pois ele criou condições para o meio rural, que hoje estão sendo retiradas pelo governo Temer. Aqui no Nativo tínhamos um cartório, mas foi retirado pelo próprio povo, que não tinha instrução na época, através de um abaixo-assinado. Hoje temos que ir em Guriri para realizar registros. Outro erro cometido pelos moradores foi a drenagem de uma lagoa de água doce para o mar, hoje sofremos as consequências. Antigamente os professores falavam para estudarmos para sair da roça, hoje é preciso estudar para melhorar as condições de vida na roça. É preciso formar profissionais daqui e que atendam aqui.

Tinha de pegar um cavalo e montar; quem tivesse o cavalo estava feliz, quem não tivesse ia na perna, na perna cansando por esses caminhos: memórias de Joel Tomaz[21]

Meu nome é Joel Tomaz. Nasci em Campo Grande, na região de São Mateus, mas vim menino para o Nativo, onde fiz minha vida. Já tenho 76 anos bem vividos e desses anos vieram 17 filhos. Costumo contar a partir dos 12 anos, antes a gente é um tanto tolinho, idade em que considero ser já de responsabilidade. Comecei a trabalhar muito cedo na lida com meu pai, como é na roça. Meus pais também são de Campo Grande, lá tiveram 18 filhos contando comigo, já morreram quatro. Por lá tenho alguns parentes. No início, o povo do Nativo me estranhou, sabiam que daqui eu não era. Principalmente quando aparecia algo de errado, logo desconfiavam de mim, que era de fora. Naquela época, existia gente que vendia mercadoria ruim e parecia que era eu o culpado, tinha muita maldade. Eu, que não era bobo nem nada, tinha uma faca com dois cortes, revólveres *bom* e outras *arma*, tudo isso com consentimento do meu pai, que sempre me ensinou a me defender desta forma.

Não me esqueço de uma tocaia em que meu pai me aconselhou a dar uma vaca como forma de pagamento para que outro resolvesse a questão, mas resolvi a questão de outra forma, Deus me livrou. Como sempre fiz, rezei um Pai Nosso antes de sair de casa. Não posso

---

[21] Entrevista concedida a Mariza Patricio de Araújo. Transcrita e transcriada por ela e revisada por Ailton Pereira Morila.

esquecer de falar que nessa tocaia um "amigo" já sabia de tudo e não me avisou a tempo, só falou depois. Eu estava montado no cavalo com um balaio, que é o jacá, e naquilo que eu ia rompendo, esse que se dizia amigo me avisou que uma pessoa estava lá. Ele na verdade ficava na janela para ver o pior acontecer comigo. Ó que amigo era esse, *né?* Ao invés de me avisar, não avisava. Eu não frouxava um trinta e oito, sempre fui bom com revólver, mas nesse dia preferi entregar para Deus. Rapaz, se eu tivesse 100 revólveres, 100 revólveres não iam me valer, quem me valeu foi Deus. Na hora que eu fosse, ele ia atirar. Na hora que eu fosse pegar um daqueles 100, *ia* ficar 99 para trás e não ia adiantar, ele já tinha me pegado. Então quem me livrou foi Deus. Então decidi que daquele dia em diante não *colocava* mais arma na minha cintura.

    Carrego alguns sinais no meu corpo por ter trabalhado muito, como também pelas confusões em que me meti. Hoje não mais. Com armas não se resolve nada, o sujeito só arruma confusão, melhor rezar o Pai Nosso antes de sair de casa. Aí fiquei, depois eu peguei e fui usar um dia, quando dei um tiro, assim... revólver bom... desce aquela *bombinha* fraca. Uai, a bala caiu no chão e fez *pleff*. Fiz outro dia. Fiz outro dia, então agora *acabo,* quero mais, não. Viu? Como Deus faz também. E graças a Deus eu estou aqui. Lutei muito mesmo, aqui dentro do Nativo não tem um que diga que eu deva a ele, não tenho nada. Já tive prejuízos negociando boi, mais ainda estou na esperança que o camarada me pague. Bom das pernas eu sei que ele não está.

    Tenho na minha memória as palavras do meu padrinho e delegado. Se tratava de um homem sabido, Honório Pinheiro. Então ele lia muito a Bíblia para as pessoas, aquele que observava a Palavra, ele sustentava até como eu estou nessa data de hoje. Me lembro bem das palavras, ele dizia assim "Olha, a Bíblia está falando", só que tinha gente que não acreditava e até hoje é capaz de ter pessoas que não confiam na Palavra. Olha o que vem acontecendo, terremotos, desastres com aviões, rios secando, córregos que deixaram de existir, sobre eles hoje passam carros, coisa que um dia eu duvidei. Para atravessar um córrego aqui no Nativo você precisava jogar as pernas sobre a cabeça da cela do cavalo, porém hoje precisamos estar fazendo poço artesiano de 100 metros ou até topar água. E [com] a fartura de peixes naquelas águas, lavouras bem banhadas que nos *dava muito* alimentos, não tínhamos preocupação com irrigação como nos dias atuais. Eram verdadeiros pântanos, para atravessar eu usava um pau para me guiar, ficar firme, assim poderia saber a profundidade [em] que estava. Se esse pau escapulisse, ia embora. Hoje está aí servindo de pista para carro, tudo seco. Nós não tínhamos dinheiro, mas tinha fartura de alimentos.

Com essa lavoura mecanizada só passamos a ter veneno nos alimentos e doenças que desconhecíamos. Antes era chá e hoje, remédio de farmácia. Não que seja ruim, mas muita coisa poderia ser evitada se o homem preservasse a natureza que Deus deu. Até o leite que tomamos não está livre de contaminação de agrotóxicos. Por quê? Porque existia, assim... a mesma alimentação que o gado comia era remédio, a gente comia uma carne boa, tinha aquela fartura. Minha mãe dizia: "Qual é o porco que vai matar? Qual é a leitoa?". Hoje não, hoje aquela é aquela mesmo que não podemos escolher.

Aqueles porcos, onde a roça era cercada de pau, chamada de caiçara o nome do tecimento, era uma cerca pequena, não podia cercar muito devido ao alto custo. Tudo era carregado nas costas, o que deixou marcas no meu corpo. Independente disso, fazíamos até competição para ver quem carregava maiores quantias nos ombros, tanto mulheres como homens. A Carmem carregou foi muita lenha nas costas. Hoje já tenho o fogão a gás que facilita a vida da minha esposa, um paraíso para as mulheres. A água está caindo nelas, e até se fosse possível lá na cama, porque as torneiras acompanham dentro de casa.

Independente do espaço que você tivesse para criar boi ou plantar, não tinha a preocupação em fazer uma demarcação. Sua propriedade era até onde seus olhos alcançassem. Se o boi fugisse para o vizinho, depois você podia ir lá e buscar. Porque não existia ganância, porque tudo era à vontade. Nós tínhamos, assim... é... vamos dizer, uma área desocupada, e o sujeito dizia: "Aqui eu tenho um alqueire legitimado". Até que ninguém gostava de legitimar a terra, porque era vontade. Então alguém ia lá, enfiava um pau aqui, outro lá, outro lá não sei onde. Não tinha mais terra porque ele não queria andar muito para marcar. Daqui a pouco aquela terra você era dono. Quer dizer, eu mesmo cheguei a possuir um pedacinho também. Mas não valorizava porque pensava que tudo ia ser fácil, por exemplo, a gente pegava um jacaré grande, fazia um cabresto nele como fosse animal e deixava amarrado lá no canto, lá na beira do rio, e depois voltava e apanha. Onde que nossos filhos hoje vão conhecer um jacaré nessas redondezas ou peixes que hoje está difícil de pescar? Por quê? Porque [está] desaparecendo tudo. Chegava em um lugar para pescar, tinha aquele pau virado, aí a gente metia uma perna ou um pau aquilo, fazia *bloblobloo*, aí você ia lá, botava uma rede lá, quase onde não podia puxar, e vinha aquela fartura de peixe. Alguns já desapareceram da região, era traíra, era *moruba*, diversos peixes que *pertencia* à área que chamava pântano, brejo.

Vou falar sobre as estradas. Meu Deus, estrada não tinha. Tinha toda a fartura, mas estrada não tinha. A gente começava a sair daqui meia-noite, aqui [do] Nativo. Agora, em Campo Grande, tinha de vir dormir no Nativo para depois sair de madrugada para chegar lá na rua. [Em] São Mateus, existia um tal de *picoau*, como uma bolsa que cobria a frete do meu tórax e minhas costas, com isso eu dividia o peso para não ser tão sacrificante. Hoje eu diria uma mochila que cobria frente e costas. A mãe da minha esposa morreu e viajaram com ela, ainda doente, para São Mateus três dias em uma canoa. Ela morreu chegando no hospital. Isso aqui não tinha nem barro nem nada, era tudo areia, mandei botar muitas carradas de barro aqui por minha conta própria, sem poder. Tinha uma combinação com uns vizinhos bons aqui, uns senhores de idade também, que já foram embora, e a gente está no caminho de acompanhar eles daqui uns dias. Os ônibus não vinham até o Nativo, aqui não tinha transporte público até chegar o asfalto, graças a esses homens de fibra que Deus abençoou. Para chegar em São Mateus você botava o jacá, que é o balaio, no cavalo, evitando que suas bagagens molhassem. Chegando em Alegre, caminho para a cidade, você tirava aquela carga todinha, todinha, para dar descanso ao animal e também se alimentar, para fazer outro pique para chegar em São Mateus. Ia comprar alguma coisinha, ia no cavalo comprar seus mantimentos. Aqui não tinha nada, nada. Tinha de pegar um cavalo e montar; quem tivesse o cavalo estava feliz, quem não tivesse, ia na perna, na perna cansando por esses caminhos. E a estrada, ora você pulava canaleta, ora você pulava no capim. Onde tinha um *capinzinho*, você andava. Triste mesmo era ao meio-dia. Se o cara desse de estar nessa estrada meio-dia... Hoje vocês passam por aqui e *pensa* que isso aí era beleza, era não. Até pouco tempo estava difícil, essas beiradas aí de estrada de barro você chegava com o carro e plantava as rodas, às vezes não tinha um sinal, e o carro *TUUFF*. Aí molhava tudo. Aí, meu Deus, quem tinha cavalo era bom, quem não tinha pegava o cavalo bom do companheiro e montava três logo de vez. O cavalo sofria, tinha cavalo que [ficava] pregado de cansado no caminho. Coitado, apanhava para voltar para casa.

Era muito difícil, só que tudo isso que era difícil era bom, pois não existia grandes roubos como está tendo agora. Eu acredito também que é de acordo com a fartura que existia, considerando também o desemprego, que deixou muitas famílias em situação de risco. Muitos [que] aqui viviam com muitas cabeças de gado, como os herdeiros do Jair Pião, hoje nada possuem, não sabiam valorizar a terra. Hoje muita gente não conhece e não sabe, *inté* ignora. Eu falei isso aqui no barzinho que eu tenho, mas eles não conhecem as dificuldades que já passei, porém diante de tudo isso eu era feliz, tinha muita fartura.

[Se] você plantasse uma roça, tinha de dar muita coisa ao povo. Eu cheguei a plantar uma rocinha, deu mais ou mesmos umas 20 mil abóboras. Tinha muito a pegação de caranguejo, com gancho, um pedaço de pau, uma vara bem-feitinha e enfiava um a um como se fosse em um arame, alcançava com aquilo ali. O mangue era uma fonte de comida para as pessoas também. Nós íamos para o mangue, tinha aquela tabela de tirar o caranguejo, nós tirávamos para a família comer. É aquela *tampada* de gente, é 70 a 100 *caranguejo*. Enquanto não tirassem os 100 ou os 70 não saía do mangue. Eles faziam no mangue, bem na beira, aquela esteira, o *tapasteiro*, na beira do rio de fora a fora, com a maré cheia. Quando a maré secava, o peixe ficava preso na lama. Como estava *cercado* a beirada do rio, ele não podia sair, e o pessoal ia pegar.

Para trabalhar na terra hoje usamos o trator, mas naquela época era o Camarom, boi bom de guia. [A gente] vinha para a linha, gritava e ele parava. "Vira aqui!" e ele virava. Guiar o arado era difícil. Haja braço e musculatura! Graças a Deus eu e minha Carmem estamos aposentados e somos donos do nosso teto. Eu plantei muito feijão, eu já rompi muitos pântanos no lombo de burro. Você deitava e segurava o rabo do burro e ele ia embora. Eu tomava conta de uma manada de burros, uma tropa, cortava o *papaião* e fazia vala. Com o dono dessa tropa eu fiz negócio, eu lucrei e ele ficou no prejuízo, pois o carregamento dele virou na água. [A] canoa, *shuuuzzz BUU*, foi bater no fundo, *lotadinho* de feijão, inchou de estourar os sacos. Foi aquela peleja, mas não resolveu tentar salvar, tinha feijão que parecia ter se multiplicado em três.

No meu tempo, remédio bom era um tal de Tiro Seguro. É... mato que até hoje eu cuido, fazia o sumo dele, ia tomar e aquilo ia servir mais do que agora. Tudo bem que hoje existe o remédio, tem a ciência também, porque nós vivíamos como se fôssemos todo mundo índio, que adivinhava o que era remédio. Era arrancar uma raiz e fazer nossa medicação. Eu tenho a diabetes, eu tenho umas coisinhas aí que tomo acompanhando com remédio da farmácia. Aqui no meu quintal tem uma tal de *taririquinha*, que chamam de *fedegoso*. Eu trato de um jeito, outras pessoas conhecem com outros nomes. No meu tempo existia é muito o benzimento, o mais famoso era o tio Hernandes. Ele deve ter casado com apenas 17 anos, por aí a fora. A gente nem fazia muita conta, nessa época até o casamento era mais certo do que nos nossos dias, porque se o camarada *bulisse* com a menina e o pai dela tivesse aquela espingarda, era só puxar o gatilho e dizer: "Agora você vai casar ou então vai morrer". A resposta vinha imediatamente. A Carmem tinha uns tios, era por consideração, faziam um benzimento que interessava a muitos, ela falava: "Estrela roto, canto molhado, com as palavras de Deus cura esse mal olhado. Shooo, galinha!". Aí toca naquela hora, o mal ia embora, então aquilo valia também. Aí tinha hora que ela dizia: "Tocava estrela roto, canto molhado, com as palavras de Deus, Virgem Maria" e balançava a folha, dizendo "o Hernandes está lá na casa do chapéu". Aonde é essa casa do chapéu? É um mangue que tem com esse nome, onde tirava caranguejo.

    Meu casamento foi muito interessante. A Carmem foi quem me roubou, ela com 14 anos, mas eu também estava querendo. Eu era namorado da irmã dela e de outras, ela era ainda muito pequena, porém sabida. Brinquei e fui fisgado por ela. Ela era órfã de mãe com um pai mulherengo, que tinha capacidade de arrumar mulher para mim. Eu, que tinha juízo, deixava para lá. Foi uma luta que valeu a pena, hoje estamos aí juntos há mais de 50 anos. Com o pai dela já formei muita lavoura de arroz, trabalhei duro, enfrentamos colheitas perdidas, mas também teve suas vitórias. Foi daí que comprei meu primeiro rádio com o fabricador, Totonho, Antônio Pastorino. Eu fiquei tão alegre com aquela *caipirona*, aquelas músicas de caipira. Minha vida social se restringiu a minha casa. Não mexo mais com política, prefiro ficar no meu canto, é muita falácia e pouca verdade.

    Meus filhos estão espalhados um pouco, uns estão por aqui no Nativo e tem um no Rio de Janeiro, mas a maioria está por aqui com seus recursos. Hoje as coisas por aqui estão *melhor*, temos posto de saúde, escolas, acesso rápido a São Mateus quando precisamos. Minhas poucas amizades são verdadeiras, como a família dos Coelhos, que já dormiram na minha *tulha* sobre um colchão de milho *disbulhado*. Foi uma festança com muito churrasco. Dormiu em cima da fartura. Hoje está tudo mudado, o gato come pão que eu compro na padaria.

    Na minha infância, gostava de brincar de roda, um pegando na mão do outro. Isso era à noite, ao dia tinha que trabalhar. Cantava assim:

> *O galho da limeira*
> *Veic o vento [e] carregou*
> *A maré já deu na praia*
> *Eu vou ver o meu amor*

Aí vinha aqueles versinhos para machucar, outro para criar o amor. Mas aquilo era bonito, uma fogueirona de pau lá no meio do terreiro e um monte de batata, milho, aipim lá *jogada* naquela brasa. Daqui a pouco põe um lá para esfriar, o povo já está comendo aquilo, era uma farra medonha! Hoje vamos botar é carne lá no *espetão* para comer.

Minha casa está sempre cheia com esses 17 filhos [que] se *multiplicou*, e chego a receber uns 30 netos, genros e noras, sendo 11 com a Carmem e seis com um cacho que tive durante longos anos, mas com o conhecimento da minha esposa. A relação da Carmem com a Angelita é boa, apelidada de Lilica. Até na criação e nascimento dos filhos elas partilharam, o mais difícil mesmo foi agradar ao mesmo tempo duas mulheres que tanto me ajudaram nesta vida. Se uma ganha um fogão, a outra quer o mesmo, não importando se o dela está novo. Infelizmente a Lilica perdeu um filho nosso, que veio a falecer nos braços dela dentro da minha casa. Considero que tudo é importante, mas o amor precisa estar em primeiro lugar. Os filhos cada um segue suas vidas independentes, só tem um aí que às vezes me esquenta a cabeça, mas é um menino bom. O barzinho é uma menininha que toma conta, eu e Carmem *ajudamos ela* no que precisa. É honesta e trabalhadeira, não me dá trabalho, só vem aumentando minha despesa, mas minha esposa está de acordo, como no passado. A Lilica hoje é só uma velha amiga, segue a religião da Assembleia de Deus.

Hoje vivo com minha renda de um barzinho, revenda de aroeira e a aposentadoria minha e de minha esposa. Já estou querendo ficar mais quieto, só mexer no máximo com algumas ervas e algumas frutas no meu quintal, que eu considero importante. Tenho aí carambola, caju, coco, cajá do mato e outros. Tenho um lote bem perto da minha casa que eu planto banana prata, maçã e a manhosa. É manhosa porque demora para madurar, daí seu nome. As ervas eu preciso ainda de uma muda do *gervão*, um chá que combate barriga inchada, é *baom*. Tem também o alecrim, uns chamam de *taririquinha*, outro *fedegoso*. Outra que eu gosto é a erva-santa, posso ter tudo no meu quintal. A água que eu tenho aqui vem do poço e para beber usamos a mineral, muito diferente daquele tempo em que as águas banhavam nossas terras em abundância. Em 1975, tivemos uma enchente histórica, as pessoas andavam de bote, chegando a água até a cintura. Hoje estamos vivendo longas secas que diminuíram nossa fartura de peixes e alimentos.

Os peixes dos brejos acabaram, os peixes de água salgada também fugiram, não sei pra onde foram: memórias de Floriano Assis dos Santos[22]

Eu conheço o Nativo há muitos tempos, aqui era um lugar difícil, difícil mesmo, muito cheio d'água. Isso aqui que você está vendo, era água pura, ali pra dentro daquelas telhas grandes, era muita água. Pra passar um animal lá, ia atolando, quase não podia passar. Hoje você pode chegar com um carro do ano e passar lá. Antes precisava encher de areia o carro, tinha que colocar até um galho para o carro não atolar. A energia... a energia também veio há pouco tempo, não lembro do vereador que conseguiu conquistar a energia para o Nativo. Hoje nós vivemos com força, temos colégio, posto de saúde e lugar para fazer uma comprinha. Assim, se nós precisarmos de alguma coisa, então não precisa ir em São Mateus. São Mateus nós só vamos se acaba um negócio daqui mesmo.

Nós estamos achando melhor aqui. Foi em 80, 84 para 83, que eu peguei um dinheiro e chamei a minha família para morar aqui. Cheguei com duas meninas pra comprar alguma coisa pra comer, um biscoito, criança gosta dessas coisinhas, mas não achei. Eu queria comprar um terreno bem aqui. Mas Maria não quis. As meninas eram Iornete e Rose, elas não queriam comer outra coisa. Maria disse que iria comprar uma coisinha e não achou. Eu peguei o dinheiro que eu iria comprar aqui, ela não quis. Eu disse assim: "Vamos colocar uma

---

[22] Entrevista concedida a Juliane Nascimento dos Santos. Transcrita e transcriada por ela e revisada por Ailton Pereira Morila.

venda". Fui colocar a venda, cadê o dinheiro? Emprestei um pouco, pobre não sabe guardar dinheiro, perdi o dinheiro, naquela época uns 40 contos. Depois, no dia 3 por aí, perdi o dinheiro. Comecei a trabalhar em florestas, mas não deu certo. Já tinha perdido o dinheiro, então eu fui trabalhar nas fazendas dos outros. Vim pra esse Nativo, isso aqui, trabalhei na fazenda dos outros, numa fazenda deu certo, vim pra outra, plantei bastante feijão, abóbora, mandioca e daqui a pouco eu tinha 80 reais. O meu companheiro disse assim: "Óoooh, o seu dinheiro já dá pra comprar um pedaço de terra, um lote". Já estava quase em 87 já, nós fomos e eu comprei esse pedaço de terra. No dia 4 de agosto de 1987, eu vim morar aqui. Então desde essa época estou aqui, desde 87. Depois chegaram essas netas, o velho ficou por aqui e nós até hoje estamos levando, mas graças a Deus, como estamos na roça, nós temos que nos acharmos bem, porque aqui é o lugar da gente. Você tem uma coisinha para se manter, e nós vivemos e ficamos satisfeitos com a benção de Deus, porque nós ainda cremos. Aqui era difícil, mas tudo passa, tudo passa, tudo passa e nós esperamos sempre o melhor mesmo.

Não deixamos de sofrer certas coisas, passamos ora sem beber água, ora passamos sem comida, um inseto morde por aí, uma lama suja o pé. Nós sempre sofremos uma coisinha, não é do jeito que a gente quer, mas estamos aí. Todos sofrem, nós todos sofremos, não podemos reclamar muito, porque todos sofrem, nós todos sofremos. Não devemos abaixar a cabeça, temos que lembrar que tem uma pessoa, uma pessoa que se dói por nós, que é Deus, não podemos *desanimarmos*.

O Nativo hoje tá muito melhor, aqui tinha fartura de primeiro, tinha caranguejos e peixes, então o almoço já estava posto. O pessoal, os catadores de caranguejos, ajudaram a acabar com eles, os peixes dos brejos acabaram, os peixes de água salgada também fugiram, não sei pra onde foram. Isso tudo afastou. Nós tínhamos fartura nessa época que estou dizendo, que eu contei pra vocês. Desde 83 que eu andei por aqui, então tinha muita fartura aqui. Meus pais já eram falecidos quando eu vim para o Nativo. Acho que meu pai morreu mais novo do que eu, eu aposentei no salário de Fernando Henrique, 161 reais, depois entrou Lula. Acho que meu pai morreu mais novo do que eu, meu cabelo está branquinho hoje, o dele não era.

A minha infância passei no Palmito, quando eu vim, eu já tinha família. A minha infância, aquela época, eu gostava muito de futebol, e dia de sábado não deixava de dançar o *forrozinho*. Futebol e forró, o que nós tínhamos naquela época era isso. Eu até que andei um pouco, fui pra Vitória, fui para o Rio de Janeiro, mas o meu tempo era sempre na roça, toda a vida eu fui gente da roça, como dizem, bicho da roça, sempre na roça.

Minha infância foi lutando na roça, desde quando eu fui fazer alguma coisa, eu queria na roça. Não estudei porque nessa época que eu era novo nós não *tinha* escola. Hoje as crianças têm tudo na mão e não estudam, faltam aula, matam aula e quando vão para a escola, ficam brincando na aula. Eu não estudei porque não tinha uma aula e era garoto quando nós saímos do Rio Preto, mas não é aquele lugar indo para Guriri, não, é o Rio Preto que vai para o posto do caminhoneiro, que se chama Rio Preto também, indo para Paulista. Então meu pai mudou dali, para dentro de uma mata, eu tinha seis anos de idade e não tinha escola nenhuma, a escola que tinha era aqui em São Mateus, como é que eu estudava?

Eu fiquei rapaz na roça, trabalhando, não tive oportunidade de estudar.

Então hoje é uma grande falta que faz uma pessoa que não estuda, hoje tem aula em *tudo* qualquer canto, tem escolas à vontade, todo horário, tem muitos horários as escolas. Então os meninos hoje ainda matam aula, menino é para estudar, mas menino está lá na escola, mas não quer estudar e tá acontecendo isso.

Meu pai sabia um pouquinho, mas não tinha paciência de ensinar a gente, ele sabia escrever um pouco, mas ele não tinha paciência. A minha mãe não sabia quase nada também. Entrei no

Mobral[23] com Maria, mas o Mobral fracassou, não foi pra frente, porque tinha poucas pessoas. Eu e Maria estávamos animados e ficava até perto de nossa casa. Dava para entender um pouquinho. Eu, lá na rodoviária, eu pego o meu ônibus, o ônibus passa, a gente sabe para onde vai. Mas eu não estudei, nunca fui em uma escola, é uma coisa que faz falta, o estudo.

Se eu fosse uma pessoa que tivesse estudado, eu... eu acho que poderia resolver muitas coisas, porque o estudo ajuda e eu não tenho, só Deus, mas se você falar alguma coisa agora, você pode voltar amanhã ou semana que vem e falar "Floriano, o que eu fiz aqui?", que eu vou dizer. Estou com 76 anos, mas ainda gravo alguma coisa, tem pessoas que estão esquecendo também, agora a mente já *tá* começando a esquecer. Demora, não tá aguentando mais, mas graças a Deus se você falar alguma coisa eu vou guardar na memória.

Nós passamos por essa, essa fase passou pela gente, eu não estudei.

No meu casamento eu já estava com 28 anos e Maria, 25 anos, então a gente começou a se olhar, a se olhar, a gente se gostou. Mas eu namorei foi dois anos, noivei, de noivo foi mais cinco anos, foi sete anos de namoro. Estava até desanimado em casar, mas a minha mãe gostava muito dela, e ela ficava falando pra nós casarmos, que eu não fazia a vontade deles de casar com qualquer pessoa que ela gostava. Minha mãe gostava muito dela e foi assim até que nós nos casamos em 66. Hoje nós estamos por aqui, tive sete filhos, depois tive muitos netos, que são filhos também. A gente gosta muito deles. A Gerliane que trabalha lá no colégio, estava com três anos. Nós tivermos o casamento em 66 e até hoje estamos aqui. Oitenta e três eu já *tava* por aqui, mas eu não tinha comprado isso aqui, não.

Fui trabalhar nas fazendas dos outros até eu ganhar dinheiro pra poder comprar. Eu comprei aqui já rasteando enxada. Arenison,

---

[23] Após a destruição em 1964 do programa de alfabetização de adultos proposto por entidades de base, da qual Paulo Freire era um dos idealizadores, o governo militar brasileiro instituiu o Movimento Brasileiro de Alfabetização (Decreto nº 62.455, de 22 de março de 1968, conforme autorizado pela Lei nº 5.379, de 15 de dezembro de 1967) durante o governo do General Costa e Silva.

Rosângela, Iornete foram os que me ajudaram a rastear enxada, plantando feijão, mandioca, plantando milho e daqui a pouco arroz, arranjei uns trocados e comprei aqui.

Comprei, porque o proprietário eu achei que até hoje ele me ajudou, porque eu trabalhava meia[24], quando eu trabalhava, quando colhíamos, ele não descontava dia de camarada[25] que ele botava, então quando eu colhia era partido no meio. Esse proprietário foi muito bom pra mim, me ajudou bastante, senão eu não tinha dinheiro pra comprar isso, não daria. Isso foi em 87 que eu comprei aqui, dia 4 de agosto às 5h da tarde.

A Casinha tinha cipó, tinha um soalho na época, as estradas eram só areia.

As festas daqui é a dos padroeiros, São José no dia 19 de março e Aparecida dia 12 de outubro. As festas são essas. O padre vem [de] mês em mês, mas as festas é o dia todo, passa sábado, vai domingo, é de um dia para o outro, até 4h. Vou em quase todas, só retorno para casa depois do bingo.

---

[24] Forma de trabalho que consiste na divisão por igual do produto da terra entre o trabalhador e o proprietário da terra.

[25] Forma de trabalho onde o trabalhador recebe por jornada de trabalho, independente da produção. Normalmente contratado para atividades meio, Era comum descontar da metade devida ao trabalhador a eventual contratação de um camarada para ajudar. No caso o proprietário de terra não descontou..

Aqui tem time, jogo de futebol, tem até um retrato do meu time ali na parede: memórias de Arceu Pimenta[26]

Meu nome é Arceu Pimenta. Eu nasci e fui criado na Gameleira[27], minha infância era difícil. Naquela época era tudo difícil, feio mesmo, não tinha estrada, não tinha nada, era coisa medonha e para ir a São Mateus era na perna daqui lá. Era triste, coisa feia. Eu saía daqui de madrugada para ir a São Mateus fazer compras, era areia daqui lá, muito cansativo, trazia as coisas nas costas. Íamos a pé e, como não tinha parente lá, *voltava* a pé outra vez, *chegava* aqui de noite, era triste mesmo. Nossa, agora mudou tudo. O pessoal ainda fala que aquele tempo era bom, era tempo da miséria, eu falo sem segredo.

Meus pais moravam aqui e eu no Palmito, então de vez em quando eu vinha *visitar eles,* mas minha vida foi lá mesmo. Conheci a Ana, casei lá e vim pra cá já formado. Tenho 62 anos de casado e vamos morrer juntos. Meu pai dizia que casar é o mesmo que cachorro, se escolhe pela raça: se a pessoa vê uma raça de gente boa, deve casar com aquela raça de gente. É sério, porque tem muita gente ruim, então tem que escolher uma pessoa boa pra ficar a vida toda. Hoje em dia o camarada pega a filha dos outros e casa quando quer, tem dois, três filhos, dizendo que tá difícil, mas é mentira. Agora que tá fácil que podia ter filho à vontade, eu sempre falo que quem tem dois não tem nenhum.

---

[26] Entrevista concedida a Kesselyn Moreira Souto. Transcrita e transcriada por ela e revisada por Ailton Pereira Morila.

[27] Região do Nativo de Barra Nova, São Mateus-ES.

Antigamente a gente pegava muito peixe, mas não tinha como vender, ninguém comprava porque havia muita fartura de peixe e ninguém tinha nada pra vender, não havia como fazer troca.

Então a gente se virava, salgava e ia vender no Palmito, porque aqui todo mundo tinha, e hoje em dia é difícil encontrar um. Eu passei a vida com muita dificuldade, Deus me livre! E tem gente que ainda fala que o passado era bom, não se fala daquele tempo de necessidade. Era triste mesmo, muito dificultoso, um sossego amargurado, não tinha prazer. Hoje você vive e come o que quer, naquele tempo era triste. Não estudei. A escola era na Gameleira, a gente ia a pé e chegava molhado, porque tinha que passar no brejo. Lama medonha, muito triste. Era muito longe, mas eu também facilitei, porque eu tinha dois primos que foram estudar à noite e até aprenderam, e eu, feito um besta, segui o mau conselho de outro primo para desistirmos de ir à escola, já que não tinha livro para nós. E se eu tivesse estudado, hoje eu era outro, porque a pessoa que tem leitura é outra coisa. Hoje em dia tem tudo, o carro vem pegar na porta, leva e muitos não querem estudar. Mas hoje, graças a Deus, é tudo fácil. Vida boa é hoje, graças a Deus!

Eu trabalhava em lavoura para Humberto Cardoso, na fazenda ali próximo à ponte. Vixi! Tinha muita gente. Essa BR não existia, eu ajudei a construir. Derrubei muito pau com machado e o trator vinha acertando, de São Mateus até Barra Seca, eu e quatro camaradas trabalhando assim dia e noite. Também trabalhei fazendo valas, terminei de criar os filhos fazendo valas, acertei todos os brejos que *existe* aqui no Nativo, também no Rio Preto, Colões. Eu abria metros de valas na pá. No Palmito eu trabalhava fazendo farinha. Era tudo no braço, uma vida medonha, e hoje tem motor pra fazer a farinha. Outra coisa é que as pessoas não plantam mais, porque preferem comprar pronto.

Tive uma vida danada, hoje meus filhos não sabem derrubar um pé de Umbaúba, não sabem o que é dificuldade, ninguém sabe, tudo é mais fácil. Tenho 10 filhos, a maioria mora aqui ao redor, só uma que mora em Jacupemba, fazendeira. E graças a Deus são todos unidos. Quase não tenho netos, porque os filhos hoje estão fazendo economia de filhos, um filho tem dois, outro tem três e o outro um. Eles dizem que é difícil. Todos os meus filhos estudaram e quase todos os netos estão formados e fazendo outros cursos. A Ana nunca foi a médico pra ganhar filho, tinha parteira boa pra isso, agora o pessoal vai tudo pra rua. Eu registrava meus filhos com cinco dias no cartório que existia aqui no Nativo e nenhum precisou tirar segunda via de documento, porque tem muita gente que muda o registro ou está com 20 e tantos anos e não tem.

Quando batizei meus filhos, eu falava para o padre que era casado, aí foi indo, indo, até que o padre descobriu que eu não era. Então ele me chamou e eu tive que fazer um monte de curso em São Mateus para pagar essa mentira, é por isso que hoje eu falo a verdade. Meus filhos podem me dar o maior prejuízo, mas não quero que falem mentira, todos foram criados assim, graças a Deus, o que um é os outros são, e nem na presença de um juiz eu não falo mentira. Tem gente que diz que hoje em dia não existe palavra, mas pra mim tem porque eu sou honesto em tudo, graças a Deus. Não existe criação igual à minha, o pessoal mesmo fala, e é devido à criação que eu tive. Meu pai era assim, ele nunca bateu em filho, e eu falo com os meus netos porque pancada não conserta ninguém, tem que ser conselho caso esteja errado.

Eu já fui chefe de igreja, tinha padre, dízimo e tudo. Mas depois eu relaxei. Tem muito tempo que eu não vou à igreja, porque o padre sempre falava que o dízimo era para os necessitados, caso alguém estivesse precisando. E quando minha mulher adoeceu eu fui à igreja pedir um dinheiro e eles não me deram. Eu sempre pagava o dízimo, depois disso nunca mais voltei na igreja, até porque a igreja é para ajudar. Eu ajudei a igreja e ainda ajudo se precisar, então fiquei bravo, porque minha mulher estava muito mal e eles não me ajudaram. Tive que pedir dinheiro emprestado a juros para ir para Vitória. Demorou bastante tempo, mas Deus abençoou que ela melhorou e viemos embora. É por isso que eu digo que eu senti uma dificuldade medonha, mas todos os meus filhos vão à igreja, tem um mesmo que é crente, quase um pastor.

Essa pintinha preta aqui na minha mão tem uns 15 anos, foi bicada de uma cobra preguiçosa, pegou só a ponta do nariz dela e ficou essa pinta de sangue. Isso aconteceu quando a Ana estava em Vitória. Chegou um pessoal pedindo água de coco e fui tirar os cocos, aí tinha uma moita e a cobra estava dentro. Quando fui pegar o coco, ela me deu uma cacetada e como estava muito perto não deu para ela me picar. Deu até íngua embaixo do braço. E se ela me pica era capaz de ter me matado. Meu pai mesmo morreu de picada de cobra. Antigamente, a gente bebia chá de *raizada* para curar, e hoje tem o remédio da farmácia.

Tenho oito irmãos, mas a maioria já morreu. Três moram em Barra Nova, duas irmãs e um irmão, o outro mora em Maria de Fumo. Esses dias eu *tive* lá, ele tá meio adoentado e foi para Vitória, nem sei se ele já veio, tenho até que ir lá ver.

Eu tinha muitos amigos, o Gerônimo, o pai dele, o Manoel da Véia. De vez em quando eu saio pra visitar os meus companheiros, fazer contato com eles. O Manoel da Véia mesmo mora ali embaixo, é um velho amigo.

Tem mais de 50 anos que eu moro aqui. Saí do Palmito e vim pra cá, terminei de criar os filhos e graças a Deus estou satisfeito agora. Aqui está uma benção, vou morrer aqui mesmo. Sou aposentado, tenho lavoura de aroeira, tenho tudo aqui. Todos os meus filhos têm roça de aroeira, muitos ainda vão ao mangue – é uma coisa certa pra quem sabe e dá dinheiro. Eu tinha um *gadão*, uma vaca e vendi pra plantar aroeira porque dá mais dinheiro. Eu gastava mais de R$ 3 mil com as vacas, com registro, remédios e sal. Hoje eu tenho uma vaquinha aí pra produzir o leite, porque leite de supermercado não é de se beber não, água choca.

Tem festa aqui em casa todo ano, a festa de reis. Mata um boi e o pessoal come à vontade. É quase profissão, a do ano que vem já está certa. A vida inteira foi assim, pode vir quem quiser, não tem miséria, não, graças a Deus! Na minha adolescência eu gostava muito de festa, não tinha canto que eu não ia. Agora eu não faço mais nada, graças a Deus, não pego nem 5 kg, porque o médico falou para não pegar. Só vivo indo ao médico porque eu soube do coração, e médico particular é caro. Descobri porque deu umas dores no peito e, ao chegar ao hospital, o médico Adriano disse que meu coração estava inchado. Então minha filha, que mora em Jacupemba, perguntou se existia algum perigo, porque ele pediu que todos os filhos assinassem para fazer a operação, daí ele disse que não podia garantir, então eu resolvi não fazer a operação e continuar tomando remédio. E graças a Deus está assim até hoje.

De primeiro não tinha essas doenças medonhas e as que tinham eram curadas na raça porque não tinha posto de saúde. Hoje o que está acabando com todo mundo são os alimentos que a gente come, aplicam injeções nos bois e quando veem que já engordou *vende* logo o animal cheio de remédio, e aí acaba dando câncer. Até as frutas são envenenadas, as galinhas também, com 40 dias já estão boas para comer.

É, eu já vivi muita coisa na vida. Tenho 83 anos, e Deus abençoe que alguém também viva esse tanto, porque é difícil, não é fácil, não.

Já vi lobisomem assim de cara. Antigamente a cozinha da casa era aberta, então o lobisomem entrou porta adentro e ficou em pé, depois subiu em cima do fogão e ficou lambendo a farofa e todo mundo estava *vendo ele*. Daí ele pulou no chão e foi embora. Ele parece um cachorro, é grande, tem uma orelhona, fica com as patas penduradas e anda em pé. O homem vira lobisomem quando a mulher tem sete filhos homens e o mais velho não batiza o mais novo. E já vi a tal da pata também, a pata é o contrário do lobisomem, quando a mulher tem sete filhas mulheres e a mais velha não batiza a mais nova. Vi a pata quando eu morava na Gameleira, eu e minha família estávamos sentados no quintal conversando e então veio a patona voando e sentou em cima da casa. Aí meu pai gritou e ela foi embora. Ela é igual a um pato normal mesmo, porém é grande e as asas fazem barulho.

Aqui na mata do Nativo tem muitos animais, quati, macaco, tatu, tem tudo. Esses dias apareceu um monte de porco do mato aqui. Antigamente a gente matava para comer e todo mundo comia. Eu gostava muito da carne de veado, a carne é muito boa, vixi Maria! Carne gostosa demais, e não parece com nenhuma outra carne, ela é diferente. Quando ia caçar o veado, eu subia no pau e esperava o veado *vim* na fruteira. À tardezinha eles sempre iam comer uma fruta chamada botí, que caía no chão, aí eu esperava eles virem para atirar. Hoje em dia, a gente não pode ter uma espingarda mais, só se for escondido pra proteger de alguma coisa.

Mas se tem um animal que eu não como é a tal da capivara, e aqui tem muita. Esses dias apareceu uma onça ali embaixo, e também uma cobra, que não é muito de aparecer, a cobra caninana, ela não tem veneno.

A iluminação chegou aqui na época da presidência do Lula, porque antigamente nós usávamos a candeia para iluminar. Não tinha luz, não tinha televisão, não tinha nada. Ninguém sabia o que era isso e não dava para conversar muito com os vizinhos durante a noite porque fazia medo, medo de cobra, era tudo medonho. Nós fazíamos fogueira de São João e Santo Antônio, assávamos aipim e batata e aproveitávamos para fazer um *forrozinho*. Mesmo não tendo energia, a gente colocava a radiola pra tocar e nego sambava. Aproveitava para namorar, e no tato, porque era tudo escuro.

A água que tem aqui é colocada pelo caminhão-pipa, vem lá de São Mateus duas vezes na semana. Antigamente, a gente cavava dois metros em qualquer lugar e achava água boa, não sei o que aconteceu que secou.

Mas hoje tem ônibus pra nós irmos pra rua, em médico, fazer compras. Tenho minha filha também, que resolve tudo pra gente. Todos os dias minhas filhas vêm pra cá pela manhã e fazem tudo e depois vão embora. E quando entardece vira um cassino danado aqui em casa, junta os netos, todo mundo para jogar baralho, jogo e roubo também. Meu genro que não gosta muito de jogar comigo por causa disso. Mas se é jogo tem que ter uma sabedoria, tem que saber uns truques.

Aqui tem time, jogo de futebol, tem até um retrato do meu time ali na parede, chamado Brasil. Já fui até em Contagem, Belo

Horizonte, não tem lugar que eu já não fui com meu time. Tomo conta de time de futebol desde os 21 anos de idade. Eu tinha jogador muito bom, mas naquela época eles não tinham dinheiro, porque havia jogo todo fim de semana, então eu pagava um carro pra *levar eles*. A vida toda fui fanático em futebol e eu só fazia time bom, era difícil a gente perder. Ainda tem jogo, só não vou se eu *tiver* muito doente. Tem campo ali em cima onde eles treinam, tenho todos os troféus guardados aqui.

Mas não é bom abusar, né, porque todos nós levado no abuso fica valente: memórias de Leonor de Souza Costa[28]

Meu nome é Leonor de Souza Costa e tenho 91 anos. O que eu me lembro da minha infância? Minha infância...

Eu... Eu nasci aqui mesmo, nasci e morei aqui, morei numa ilha grande lá dentro, acho que eu nasci até nessa ilha grande, nem me lembro mais [risos]. Mas a gente esquece também das coisas, *né*, porque a idade vai chegando... Eu... Eu já fui professora. Fui professora, foi lá no Candeia, dava aula pra criança pequena, ia a cavalo dar aula, atravessava uma vala, com uma dificuldade, tinhas vezes [que] o cavalo quase nadava. Aí depois foi indo aí, eles disseram que era pra *mim* deixar de dar aula, tanto o diretor, que era o professor Agenor, e minha mãe me aconselhava: "Você tá arriscando a sua vida, você vai morrer naquela vala ainda!". Meu marido dizia: "Larga, Leonor, deixa pra lá, você arriscando a sua vida, querendo morrer naquela vala?" [risos]. Depois eu não *guentei* e deixei... Já ensinei muito e já estudei também.

Lembrar da minha vida... Lembro alguma coisa de quando eu estudava, a escola era primário e depois era no Grupo, depois eu estudava com... eu estudei primeiro com um professor que ensinava em casa, depois estudei com uma tal de Maria Luiza. Estudei com ela, acho que foi só ela minha professora, eu nem me lembro mais. Como a gente esquece, *né*, a idade vai chegando e vai ficando esquecido. Aí

---

[28] Entrevista concedida a Késya de Oliveira Nobre. Transcrita e transcriada por ela e revisada por Ailton Pereira Morila.

nós *ia* pra escola, andava bastante pra chegar lá, ia pra escola com uma sacolinha no braço, botava os livros numa sacolinha de papel e pendurava. Naquele tempo não tinha bolsa nem nada, o papel era a sacolinha de papel, pendurava no braço, tinha uma alcinha e lá ia a carta de ABC [risos]. Estudava na carta de ABC.

Eu não era uma aluna muito bagunceira, não, mas uma vez nós *fizemo* a bagunça... mas eu fui pela cabeça da companheira, aí a menina ia pra escola só com um vestido, acho que ela, coitadinha, não tinha roupa quase, aí [risos] a companheira dizia assim: "Vamos gritar assim 'bate-enxuga-sacode-veste'" [risos]. Era Lazinha, Lazinha de Paixão. Ela já *tava* moça, hein, e nós criança. Aí nós *gritava*, aí, minha filha, no outro dia a professora *botou nós* pra escrever "Eu preciso de mais um pouco de vergonha" [risos]. Aí, ai. A Maria Luiza já morreu, eu acho. Essa mulher, ah, já... Da minha diversão da época menina era essa, eu ia pra escola, brincava muito também, tinhas as colegas, nós *brincava* e brincava em casa, nós *brincava* de pique, de esconde [risos]. É, menina...

Meus filhos *tudo sabe* ler, porque eu botava pra estudar. Botei meus filhos *tudo* pra estudar, todos eles! Eu dizia: "É, tem que estudar! Se desobedecer a professora e a professora *vinher* queixar, já sabe, eu meto o coro!" [risos]. E desobedecia, não. Era tudo obediente.

Houve uma vez, a minha filha mais nova, Aninha, fechou uma briga mais a filha da professora. Aí Mariazita me queixou, era professora Mariazita: "É, Leonor, as meninas fecharam uma briga aqui na escola. Menina, mas foi uma briga". Eu disse "O que *ocê* fez?" e Mariazita disse: "Eu chamei elas de valentonas. Suas valentonas! Trata de tratar bem uma a outra". Aí eu disse: "Pra que que você não pegou a mão delas e *num* deu uns quatro bolos?" [batendo uma mão na outra]. É, aí de repente elas obedeciam. Ela disse: "Ai, eu não tenho coragem muito, não, de bater, não". Eu disse: "A minha podia ter pegado" [risos]. É...

Não estudou quem não quis. Duas filhas minhas são professoras, porque eu sempre fui caprichosa pra meus filhos, sempre trabalhei, eu mais meu marido, pra ajudar meus filhos na escola. Quando de primeiro não tinha luxo, não ia de bolsa, era aquelas sacolinhas de plástico, enfiava no braço a alcinha e seguia. Mas, graças a Deus, meus filhos todos aprenderam, todos eles sabem ler. Eu fico satisfeita, são *tudo* bons pra mim.

Vai fazer 14 anos que meu marido morreu, eu vou mostrar um retrato dele a vocês, era bonito [pega as fotos]. A foto do meu marido é essa aqui [indicando a foto], *tá* com Greco, o filho de capitão, no colo, e esse aqui é Leozenor, meu filho mais velho. *Tava* servindo o Exército, ele morreu já.

Então quando meu marido morreu vim morar com minha filha Amalía, mas... aí Tadeu disse: "Vovó, *vamo* lá pra casa?". Aí eu disse: "Não, meu filho, eu fico aqui mesmo, na minha casa. Fico só aqui". Ele disse: "Não, a senhora ficar sozinha? Deus me livre, *vamo* lá pra casa". Eu vim pra cá, mas custei a acostumar, assim, parecia que eu *tava* lá em casa. Eu dormia e acordava, depois eu acostumei e *tô* até hoje [risos e pausa]. Graças a Deus me tratam bem, se me maltratasse eu caía fora [risos]. Mas me *trata* muito bem minha filha, meu genro, meus netos...

Eu vou na igreja, graças a Deus, tenho a minha religião, sou devota, graças a Deus. Vou na igreja todo domingo. As festas da comunidade de São José são muito boas, eu vou, dou ajuda e tudo. Graças a Deus. No domingo eu fui na igreja, tomei uma queda [bota a mão na boca] [risos]. Caí, Tadeu botou o pé pra *mim* não bater a cabeça no chão [risos], porque eu fui descer... fui descer o batente e o batente é alto, aí escorreguei, caí.

Moro aqui, mas eu tenho a minha propriedade. Meu filho mora lá [apontando em direção à saída da casa]. É, lá perto do cemitério, Eu, graças a Deus, eduquei meus filhos, tenho muita fé em Deus. Meus filhos todos me respeitam, eu *tô* nessa idade, 91 anos, mas todos eles me respeitam.

Casei aqui mesmo no Nativo, com Zenor Costa Machado, filho de Aniseto Costa e Amalia Porto Costa. Minha mãe não queria meu casamento, meu pai não ligava muito, não. Meus pais se chamavam Capitolino Inacio da Souza e Tionila Peroba de Souza [risos]. Meu pai era muito bom, eu tenho um filho que é a cara dele! Capitolino! Meu pai era... o pessoal dele era cearense, mas eu acho que foi nascido e criado aqui, e minha mãe nascida e criada aqui também. Eles tiveram quatro filhas: eu, Marta, Francisca e Maria. Tudo morreu, só tem eu. Uma morava em São Mateus, a outra morava em Povoação Rio Doce, foi sepultada lá, a outra morava aqui no Nativo.

Quando era mais nova, eu não saía muito, porque minha mãe não gostava, prendia nós, não ia a baile nem nada. Uma vez teve uma festa na casa de um vizinho, convidou, cansou. Nós não fomos, mamãe não deixou. Papai não gostava dessas prisões nossas, não! Mamãe, iiih, mamãe, vixi Maria, era uma prisão danada. Não gostava que nós *saísse* muito.

Uma vez eu já namorava meu marido, nós namoramos 13 anos escondido de mamãe, porque ela era fogo [risos]. Teté foi lá convidar. Teté era irmã do meu marido, aí foi lá convidar pra ir ao baile na casa dela. Aí, quando foi o dia, Teté disse a papai: "O senhor deixa de ir?". E ele disse: "Pode deixar". Aí papai garantiu que ia e levava nós, eu e Maria Souza, minha irmã que já morreu. Quando foi de tarde, papai tinha um lugar na ilha grande, foi lá buscar umas canas, aí quando chegou disse: "Vocês toma banho pra nós ir lá na casa do velho Aniseto" – que era o pai do meu marido – "toma banho e se ajeitem". Nós *tomamo* banho, eu mais Maria, *se ajeitamo*, a roupa dele nós *passamo*, *ajeitamo* a roupa dele, de tarde nós *seguimo* lá pra casa do velho Aniseto. *Dançamo* a noite toda até amanhecer. Quando foi lá pra tarde, meu pai foi embora e deixou nós lá... Mamãe não deixava, não. Ave Maria! Mamãe nem soube! Minha mãe tinha ido, foi pra tal de Cerejeira, era um tal de ir pra tal de Cerejeira, e quando vinha, vinha cheia de presente. Café, banana, tudo. Esse dia ela viajou pra Cerejeira e nós *fomo* pro baile mais papai. Chegando lá, papai deixou nós *entregue* com o velho Aniseto e veio embora. Nós que gostamos. Papai disse: "Não diz nada a sua mãe, não, se não ela vai brigar comigo que eu deixei vocês lá". Ai nós: "Pode deixar". Aí nós não dissemos, não. *Ficamo quietinha* [risos].

A história de quando eu e meu marido casamos foi que, um dia, eu saí mais minha prima, fomos conversar com ele, aí *sentamo*, assim, em roda, escondido de mamãe. Tinha uma menina que morava lá, a Conceição, *tava* estudando lá na casa da minha mãe, aí ela disse a minha mãe: "Elas tão conversando com ele". E nós *tava* conversando sentados em roda, e minha mãe não demorou, apareceu... Sumimos! Corremos, todo mundo. No outro dia, meu compadre Cizaro foi lá me buscar. Fiquei numa casa de uma prima minha, aí eu disse: "Ai, eu não vou pra casa, não, porque sei que a minha mãe vai me bater" [risos] "eu vou ficar na casa da minha prima". Aí fiquei na casa de compadre Chiquinho de Inacio, era meu compadre e ela era minha prima e comadre. Fiquei lá, aí meu compadre Cizaro foi me buscar. Aí eu vim, e cá mesmo me casei com ele na casa do meu compadre e eles fizeram tudo.

Quando casei, fiquei mais livre para sair, íamos pra baile dançar, ele gostava de baile. Os bailes daquela época eram em casas de famílias. Tinha Reis, virava a noite toda com forró. Nós *gostava* só de forró, essas outras danças eu não gosto muito, não. Só o forró. Eu era uma boa dançarina de forró, e ele também, dançava era bem! [risos]

Uma vez nós fomos numa festa no Bom Jesus da Lapa, lá no 35[29]. Eu, finada Nenza e finada Lofenia. Saímos daqui de madrugada, a pé. Amanhecemos o dia, estava quase lá na pedra d'água porque saímos bem cedo, e *tava* escuro ainda, não clareava com nada o caminho. Nós *seguia* assim mesmo. Era muita coragem! Nós três, a mulher de Zé Maciel e a finada Lofenia. Naquela época não tinha tanto perigo, não! Agora tá perigoso. Olha, um dia desses *tava* uns homens ali na cancela, por isso que essa menina veio aqui e não me encontrou. Amalia ia pro Guriri, e eu ia ficar pra esperar ela, mas os homens ficaram ali, dois, dois ou três. Não foi Amalia, aí ficaram conversando, conversando, depois um fez tensão de abrir a cancela, mas depois botou a correia outra vez aí não demorou, saíram pra lá e eu *tô* na greta da janela espiando [risos].

---

[29] É comum as pessoas daqui se referirem ao Km pra situar uma determinada comunidade. Nesse caso trata=se da comunidade existente no Km 34 da rodovia BR-381.

Eu saía e dançava, eu mais meu marido. Ele não era ciumento, não, mas também não era fácil, não. Eu não tinha ciúmes do meu marido, não, mas ele arranjou uma mulher, aí eu fui obrigada a rumar um soco na cara dela [risos]. O soco cantou que a pedra do anel voou longe. É, menina, botei a danada da mulher dentro da minha casa com pena, com pena porque era pobrezinha, ela não tinha nem roupa. Chegou, eu comprei roupa, tudo pra ela, quando *cabou* ela queria tomar conta do meu marido, aí eu fechei o soco nela [risos]. Mas não eu *num* sou muito valente como minha mãe foi, não, mas não é bom abusar, *né*, porque todos nós *levado* no abuso *fica* valente.

Casamos nas duas leis, na igreja e no civil. Ficamos muito tempo casados, mais de 50 anos. Meus filhos fizeram até as bodas de ouro nossas, e veio até o pessoal de Vitória. Tive seis filhos com ele, dois já mortos e tem quatro vivos. Duas mulheres e dois homens estão vivos, e dois... O mais velho morreu, ele era muito inteligente, sabido. Era Leuzenor o nome dele, juntou o nome meu e do pai, que era Zenor. Temos 10 netos, três de Aninha, que moram na Bahia, dois de Capitão, que moram aqui perto, três em Vitória, filhos de Leozenor, e tenho os de aqui, de Amalia.

Eu gostava de costurar, fazia roupa para meus filhos e até camisa eu fazia. Só não costurava calça, mas camisa costurava tudo. Aprendi a costurar pela minha cabeça mesmo, eu tenho até a máquina ali, aquela de pedal, antiga. Depois eu trouxe pra Amalia a máquina, mas ela também não costura. Hoje quase ninguém usa a roupa costurada em casa, é comprada nas vendas. Aqui os meus é comprado.

Eu gostava também muito de cozinhar! Fazia comida gostosa e botava as filhas pra lavar a louça na cacimba. Nesse tempo não se usava torneira, era na cacimba, *panhava* água lá e lavava a louça cá em cima. Sentava cá no capim e lavava as louças. Se lavasse mal lavada, voltava pra lavar outra vez! E a roupa também, mas agora é tudo mais fácil.

Quando eu me aposentei, aí que eu peguei na enxada, peguei pra engrossar a mão pra ir lá apresentar. Meu marido dizia assim: "Ai, meu Deus, agora tá na enxada". Eu disse: "*Tô* limpando o quintal pra chegar lá e apresentar". Quando eu cheguei lá, pegaram minha mão pra ver se *tava* grossa, disseram: "Você trabalha?". Aí eu disse: "Eu trabalho na enxada, olha aí como tá grossa". Viu? Preguei uma mentira danada. Aí consegui aposentar. A mulher que me aposentou era muito boa, amiga minha, me ajudou muito. Eu esqueci até o nome dela, ela era muito boa, me ajudou muito. Meu marido era aposentado também, ele aposentou primeiro do que eu, era mais velho. Ele trabalhava na roça, plantava batata.

Uma vez roubaram um *muncado* de batata dele, lá na roça, nós *tinha* uma roça, nós *suspendia* os galhos e *tava* só as ramas, *foro* lá e roubaram, mas nós soubemos quem foi. quando nós soubemos fizemos nada, não, deixamos eles comer a batata, *tava* com fome. A roça era cercada, eles passaram por baixo do arame, arrancavam e enfiavam o pé, *pegava* a batata, *enfiava* o pé e *tampava*. Nós *ia* lá, puxava e só *tava* o galho, a batata já tinham carregado.

Conheço muita gente no Nativo. Os mais antigos pra esse lado conheço, só os mais novos que não, que moram agora [há] pouco tempo, conheço assim de vista.

Vi muitas coisas serem construídas aqui no Nativo. Aqui era mais mata, agora que [tem] essa estrada. Era um matão que só vendo. Hospital não tinha aqui, quando alguém ficava doente, pra ir ao médico antigamente, ia de cavalo, ia de rede. Quando minha irmã adoeceu, ficou mal, foi de rede. O pessoal *levou ela* na rede, tinha muita dificuldade. Agora não, agora não, de uns tempos pra cá a estrada ficou boa.

Antes era só uma estradinha de areia, só um *trechozinho*, pequenininho estreitinho, acho que nem passava carro. Agora tem uns anos que fizeram o asfalto. Meu marido saía daqui e ia a pé em São Mateus fazer compra, voltava com o Sol fora. Agora não, agora tá uma estrada boa.

A vida é essa, como diz a cantiga: a vida é boa, meu bem [cantando].

A vida é boa, meu bem, é boa
Depende da gente querer,

> *Eu quero ver você sambar*
> *Ficar com a perna bamba, sem poder andar*
> *Eu quero ver você ficar rouquinha*
> *Ficar com a boca torta, sem poder falar*

Eu canto pros meus bisnetos, eles dizem pra minha filha: "Vó, canta aquela cantiga que bisa canta, aquela de ficar *rouquinha* com a boca torta sem poder falar". Não lembro muitas cantigas da minha época, não, mas alguma... A jardineira! Você *tava* no tempo? Não, né? Essa diz assim:

> *Vem, jardineira*
> *Vem, meu amor*
> *Não fica triste que o mundo é todo seu*
> *Você era mais bonita que a Camélia que morreu*
> *Ô, jardineira, por que estás tão triste?*
> *Venha contar o que aconteceu*
> *Foi a Camélia que caiu do galho*
> *Deu dois suspiros e depois morreu*
> *Foi a Camélia que caiu do galho*
> *Deu dois suspiros e depois morreu*

Viu? Essa era boa, menina, nós *dançava*. Rosiléia[30] é uma pessoa boa, eu gosto dela, muito boa. O carro tá vindo lá, ó. Não sei se é ela. Não é, não.

---

[30] Rosiléia Alves do Santos foi diretora das Escolas Municipais de Educação Infantil e Ensino Fundamental Maria Francisca Nunes Coutinho (EMEIEF). Como dissemos no início, ela foi a pessoa que nos recebeu e levou às casas das pessoas do Nativo.

E NA HORA DO SER, TINHA QUE SER: MEMÓRIAS DE JORGETE NUNES MARTINS[31]

Meu nome é Jorgete Nunes Martins. A minha vida foi de muito trabalho. Muito trabalho... Eu fui criada... Ah!... Pode contar a vida da gente, *né* isso? Eu fui criada só com a minha mãe, ela não gozava muito da saúde. Mas fomos levando a vida. Então, foi uma vida bem... bem pesada, *né*? Mas, graças a Deus, sobre a união, um trabalha de um lado e o outro trabalha do outro. Nunca deixei de trabalhar, com a idade de 12 anos já trabalhava. Minha vida foi muito sofrida, meu filho. Mas tá bom! E... depois fui crescendo. Estudando... Depois arranjamos esse casamento!

Eu sou daqui. Sou nascida e criada aqui. Aliás, eu fui nascida do lado de lá, nas Tábuas[32], mas criada aqui mesmo, no Nativo. Casei, então, eu e meu esposo, o Isaias, fomos viver nossa vida. Ele sempre me ajudando a criar os filhos, porque ele tinha dificuldade também. Fomos batalhando nós dois e fomos vivendo. Depois que eu ganhei todos os meus filhos, aí eu fui trabalhar... Trabalhar, dar aula. Comecei a dar aula, aí fui vivendo. Mas nunca deixei de ajudar, continuo ajudando do mesmo jeito aí na roça, em qualquer parte.

A família foi numerosa. Foram 11 filhos! Graças a Deus foram 11 filhos!

Estão aí, todos bem, só tem um que é falecido. Os outros estão todos vivos, muitos casados, outros solteiros. Mas a vida continua... Aí estamos vivendo...

---

[31] Entrevista concedida a Marcelo Silva Cruz. Transcrita e transcriada por ele e revisada por Ailton Pereira Morila.
[32] Região da Barra Nova, São Mateus-ES.

Ah, sim! Fui começar a trabalhar, eu tinha... não sei se era quase uns 50 anos pra mais. Aí comecei a trabalhar e fui trabalhando, trabalhando, depois me aposentei, com toda a saúde. Mas depois, por destino da vida, adoeci. Deu o tal de um derrame, um AVC. Mas, graças a Deus, eu já estava aposentada, os filhos todos criados e tudo. Aí estou vivendo minha vida, um pouquinho apertada devido também [às] minhas vistas, que não enxergo bem, mas muito agradeço a Deus por eu *ter ela* assim embaçada mesmo. Já operei as duas vistas, mas estou continuando a vida, *né*? E vou vivendo!

Como eu estava dizendo, que minha mente já não está mais aquela que era, não está mais mente viva. Está uma mente que qualquer coisa. Eu fico preocupada, mas tá bom! Vou vivendo!

Quanto tempo de casamento? Nós temos cinquenta e... sete, *né*? Cinquenta e seis? Cinquenta e cinco, cinquenta e sete anos de casados! Cinquenta e sete! Cinquenta e sete anos de casados! Hoje é difícil, porque a gente vê dizer assim: "Já casei, só falta abandonar... largar!". A gente ouve essas coisas...

Todo mundo aqui em casa casou e acabamos nós dois. Nós temos o filho mais velho, que nos acompanha também. Ele tem a casinha dele, mas sempre *tá* junto com a gente. Ficou junto com a gente. E os outros todos casados, foram um para um canto, outro pra outro, Tem um que mora em Macaé, tem um que mora em Vitória, outro mora em Nova Venécia.

Quando comecei a dar aula era muito diferente de hoje. Era muito diferente! Eu comecei a trabalhar na minha cozinha, pela prefeitura. Aí o que eu fazia: levantava cedinho, fazia meu café, ajeitava minha comida, fazia minha merenda, pra depois começar a trabalhar. Mas no horário certo! No horário que era pra começar, eu estava prontinha! Eu ajeitava minhas coisinhas... O meu fogão era fogão à lenha! Mas era um fogão e era uma mesa. Porque ali meus alunos estudavam e escreviam em cima daquele fogão. Tinha a mesa com as cadeiras, tudo, tudo por nossa conta! Era difícil! Isso daí era difícil!

Agora sobre a criação das crianças, era muito diferente de hoje. Porque antigamente, nós éramos segundo pai, segunda mãe dos nossos alunos. Eles nos obedeciam. Nós tínhamos todo o apoio dos pais, eles reforçavam mesmo o que nós fizéssemos com os alunos. Era ordem dos pais! Agora hoje... Hoje é diferente, eu acho muito diferente. Eu não estou na sala de aula, não, mas as conversas que a gente ouve é outra. O professor hoje, coitado. Eu acho que o professor hoje é quase humilhado pelos alunos. Não todos! Não todos! Tem uns que são pesados, dão muita luta ao professor. Agora, no nosso tempo, nós tínhamos uns que davam luta... Mas nós mesmos dávamos um jeito. Porque na conversa com o aluno, por ele ser rebelde, a gente não vai gritar com ele, não, a gente tem que ir com calma... E eu, quando eu trabalhava, eram 30, 35 alunos da primeira à quarta série. Ainda tinha mais outro, porque naquele tempo era muito difícil, as mães precisavam sair, tinham os filhos pequenos. E perguntavam: "Será que fulano pode levar o meu menino menor? Porque eu preciso sair". E ele ficava ali! O aluno ia estudar e ainda tomava conta da criança.

Nós éramos diretor, professor, secretário, tudo. E merendeira... Ainda fazia merenda. Nós dávamos conta de tudo. Nós dávamos conta de tudo. Tinha que fazer... E ainda estudava. Porque quando comecei a dar aula, eu tinha a quarta série, depois eu fui estudar, aí terminei. Fiz o segundo grau. Mobral, *né*? Mobral, não. Eu dei aula pelo Mobral. Foi o outro estudo: Lapronte. Que hoje é... hoje... hoje fala que é a... faculdade a distância. Era a mesma coisa. Era Lapronte a distância. Nós fazíamos... Eu fiz. Mas estudava! Estudei cinco anos. Eu ia, trazia a papelada pra casa, ia pra casa, estudava, quando chegava o dia da prova a gente ia fazer. Era o segundo grau, naquele tempo. E era difícil! Era difícil porque não tinha ônibus.

Então nossa vidinha foi difícil, mas, graças a Deus, vencemos a batalha. Estamos aí. Hoje são os filhos que estão trabalhando. Graças a Deus, criamos nossos filhos, todos unidos. É muito difícil um final de semana que eles, de lá, não vêm pelo menos um nos ver. Muito difícil! Quando não, quando não vêm, mas a ligação é certa, *né*? Todos os dias... De Macaé... Hoje eu conversei com o de Nova Venécia, a de Vitória. E é assim. Todos os dias eles ligam!

Foi nessa casa mesmo que comecei a dar aula. É... nessa casa aqui. Com 35 alunos. Até 35 alunos eu tinha, até a quarta série. Naquele tempo não tinha tanto professor como se tem hoje. Vinha a fiscalização, mas só para ver se nós estávamos trabalhando. É... A vida era muito difícil... Mas, em certo ponto, era melhor.

Hoje, digo que moramos quase numa Vila. Antigamente era difícil, as casas eram muito distantes uma da outra... Mas, em certos assuntos, antigamente era melhor do que hoje... Mais tranquilo. Mas hoje quase lugar nenhum tem tranquilidade, tem paz. Quase lugar nenhum... A gente fala assim e volta, porque, graças a Deus, nós vivemos aqui até hoje. Vivemos em paz. Vivemos bem com todo mundo, dando bem com todo mundo.

Antigamente não existia luz aqui. Onde a gente morava, não existia luz... Era quem quisesse matar um animal, tinha que ser salgado. Não tinha luz, energia. No tempo de antigamente era difícil. É... Não tinha facilidade nenhuma. Menos movimentado. A estrada também não tinha. Não tinha rua... Muitos vinham a pé. Era difícil. E hoje já tem energia. Já facilita muita coisa. É, mudou muito. Do nosso tempo para hoje, melhorou bastante. Certo ponto, melhorou bastante!

Bom... Os meus primeiros filhos não fui eu que comecei a ensinar. Porque, quando eu comecei a trabalhar, já tinha todos os meus filhos. Mas tinha a professora, a filha da Leonor, que foi quem começou a *ensinar eles*. Tinha outra escola lá no São José, muitos estudaram lá também. Mas, de todos os meus filhos, só uma estudou comigo. No final, só uma.

Naquela época ninguém tinha condição aqui. Hoje é o que tem. Hoje todo mundo tem seu carro, sua moto. Até que a bicicleta é o que menos tem. Tudo é facilidade, *né*? Antigamente não tinha. Não tinha ônibus, não tinha nada. Era caminho de areia. Ou a pé ou a cavalo pra ir a São Mateus. Nossa senhora! E o cansaço?

É pimenta que estou debulhando. É, a terra é boa, tudo que planta dá! O nosso lugar é assim, a terrinha é bem boa. Bem mesmo.

Bom, o conselho que eu tinha para dar para a juventude é que eles mudassem pra melhor, porque a vida é boa, a gente sabendo viver! Porque se a gente não souber viver, nunca a gente tem uma vida boa. Se a gente não praticar o bem, nunca tem aquilo que é bom.

Teve um garoto, que diz que era muito levado na escola, *né*? Ele não estudou comigo. Aí ele veio aqui. Todo quietinho, e eu disse assim: "Meu filho, eu soube que você é levado na escola. Por quê?". Isso eu conversando com ele. Porque eu gosto muito de criança. Eu sinto saudade das crianças. Eu gosto de conversar com eles. Aí eu disse assim: "Pois é, meu filho, eu não dou mais aula, mas se tia voltasse pra escola a trabalhar, você queria estudar com a tia?". Ele balançou a cabeça. Diziam que o menino ninguém aguentava ele na escola. Continuei: "Pois é, meu filho, se eu voltasse a dar aula, você gostaria de estudar comigo? Você tem que ser bonzinho. Obedecer a sua professora. Ser amigo dos seus coleguinhas. Que passe a todo mundo gostar de você". Aí, depois que eu falei, ele: "Ô, tia! Você sabe por que eu sou assim, tia? Porque na escola eu sou tratado assim, tia!". Porque, muitas vezes também, o professor tem que saber lidar com o aluno. Eu já lidei com aluno que me deu luta. Aí eu disse: "Pois é, mas seja bonzinho que todo mundo vai gostar de você". E depois disso eu não vi mais falar o nome dele! Nem de ruim, nem de bom, nem de nada. Aí eu disse "Será que meu conselho deu certo?".

Tinha uma criança que ninguém tolerava! Saía de uma sala, o diretor vinha e perguntava se podia botar aquele menino na minha sala. Eu falava assim: "Ô, diretor, mas esse não é meu aluno". Aí, ele dizia: "Ai, Dona Jorgete...". Primeiro ele chegava, batia na porta e eu atendia. Ele dizia assim: "Pensei que não tivesse trabalhando... Pensei que não tivesse menino aqui". Eu disse: "Estamos todos trabalhando". Porque eu gostava do silêncio. E podia ser o aluno rebelde que fosse, mas eu dava o meu jeitinho... Ele tinha que se comportar. O diretor continuou com a conversa: "É, dona Jorgete, eu trouxe aqui pra você ficar com fulano de tal, porque a professora não tá aguentando". Aí, eu falava: "Diretor, mas ele não é meu aluno. E se esse menino vier atrapalhar minha aula? Esse aluno não é meu aluno". Mas diz que na sala onde ele estudava, subia em cima da mesa e sapateava. Aí eu falei assim: "Ô, diretor, você *traz ele*, se der certo, bem. Se não der... pode devolver". Veio o menino... Era levado, hein! O menino era levado. Mas eu estava *tratando ele* no meu jeito. Porque eu amava e amo meus alunos, que foram meus alunos. Até hoje eu tenho alunos casados que me *chama* de tia. E eu gosto. Eu acho aquilo um respeito. Eu fico empolgada! Eu fico empolgada porque, graças a Deus, eles me obedeciam... E na hora do ser, tinha que ser. Por fora, eles vinham e me abraçavam e as outras professoras ficavam com ciúmes, porque eu tratava os alunos bem. Diziam: "Não... Você dá muita liberdade às crianças!". Eu respondia: "Não... não... Na hora do ser, aquela hora tem que ser". Agora aqui, nós podemos conversar, nós podemos. Aqui é diferente. Na sala de aula é uma coisa e aqui fora é outra. Mas eles me obedeciam.

Tinham umas professoras que falavam que ultrapassava o telhado os gritos dos alunos. Então, aí o que eu fazia: "Vamos falar baixo". Antigamente tinha um tal de ditado, a gente gostava muito de fazer um ditado pra eles. Aí o que eu fazia: "Olhem, agora eu vou ditar as palavras da historinha para vocês e vão ficar quietinho". Mas quem dizia que muitos ficavam? Aí não *ficava*, o que eu fazia? Não brigava com ninguém, não. Aí eu ditando pra eles bem baixinho. Bem baixinho. "Estão me ouvindo? Ouviram?". Num instante acabou aquela falação alta, horrível, aquele barulho. Acabou. Eu mesma procurava um jeitinho de ir tirando o mau hábito deles.

Teve outro que também saiu da minha sala. Porque aqui a gente trabalhava da primeira à quarta e lá era cada um no seu, segunda-segunda, terceira-terceira, primeira também. Cada um com professor, mas cada sala tinha aquela série. Aí, depois que eu terminei e ele foi para outra sala, a mãe dele disse assim: "Poxa, Jorgete! Todas as professoras do meu filho, eu tinha que ir na escola, vinha bilhetinho. Foi a primeira professora que nunca me mandou um bilhete pra mim, nem chamar na sala". E ele era levado, hein? Ele era levado. Ele era como diz a história, intragável. E, olha, até hoje ele me ama e me chama de tia, me toma a bênção onde estiver. Pode estar na igreja, pode estar onde tiver. Então, a gente também tem que saber lidar com as crianças. Eu gosto. Eu adorava meu trabalho, não tinha como não gostar. Gostava não, gosto. Eu gosto até hoje.

Mas a vida é assim, a gente... Aí o conselho que é que tem que dar pra eles é que eles sejam uns meninos obedientes, *né*? Todos nós sabemos o que é bom e o que é ruim, basta nós pararmos e pensarmos. Aí eu falo pras minhas netas: "Minhas filhas, a pior fase do aluno é a adolescência". Aí, um dia, uma neta respondeu: "É mesmo, vó?". Eu disse: "Porque na adolescência, tudo o [que o] mundo oferece eles aceitam". Então, o adolescente tem que ficar prevenido, porque todos nós sabemos que existe o caminho bom e o caminho ruim, porque sempre o errado acontece. Aí, a neta disse assim: "É verdade, vó?". Eu disse: "Pois é, minha filha, vocês conhecem o que é bom, o que é ruim, *né*? Vai no ruim quem quer". E é mesmo. É a pior fase e a gente, quando dá uma aula, a gente sabe a natureza de todas as crianças. Sabe a natureza de todas. Eu tive aluno que até hoje tenho pena. Enquanto ele tá junto da gente, a gente conhece. O que ele é, a natureza. Mas é assim. Nem todo tempo é único, nem todo mundo abraça o que é bom. Tem gente que diz: "Conselho de velho".

Cada um tem um jeito de ser, mas eu me considero assim, que a gente tem que ter o olhar do outro. A pessoa muito saída, a pessoa muito leva e traz, isso não serve, gente. Isso não serve. Então, quanto mais a pessoa [é] humilde, é melhor. Para muitos, não. Mas toda a vida eu fui assim. Toda a vida meus pensamentos foram esses mesmo, já é de mim mesmo. Como diz a história, ninguém é perfeito. Mas a gente procura ser. Porque, por exemplo, se uma pessoa *tá* naquelas alturas, na ostentação. Embora a gente tenha tudo que responder. Mas ser humilde é uma coisa boa. A pessoa pode até falar: "Ih! Fulano é medroso". Porque é vantagem pra ele. Mas você não sabe que coisa boa ele fez sendo humilde. Que podia pegar fogo e podia dar pancada, se um fala, outro fala, podia causar tudo isso. Então, a pessoa se humilhou, aí, graças a Deus, acaba tudo.

Pois é. Graças a Deus, minhas amigas de trabalho, eu não tenho o que dizer de ninguém... Eu moro aqui esses anos todos, 70, 60, 57 anos, eu não tenho um inimigo. Então, eu tenho esse tempo todo, 74, 75 anos de vida, mas eu não tenho um inimigo. Eu me dou com todo mundo. Se pedir para mim: "Vai na casa de fulano", eu vou. Gosto muito de visitar uma pessoa quando está doente. Hoje, não. Porque hoje eu estou uma pessoa, assim, que eu quase não posso sair. Sozinha eu não saio. Só quando meu esposo me acompanha, ou quando um filho me acompanha, porque minhas vistas não dão para eu sair de casa só. Outra coisa: festa eu quase não frequento, porque eu fico muito agoniada. Quando eu estou assim numa festa, fico com a cabeça muito agoniada. Qualquer festa.

Meus filhos fazem toda a vontade. Eles acham ruim porque nós não aproveitamos, dizem eles que nós não aproveitamos nosso restinho da vida. E digo: "Minha filha, já foi o tempo. Meu tempo já passou". Agora eu estou mais para dentro de casa. Fico dentro de casa.

O que eu gosto de fazer é o servicinho de dentro de casa, que eu faço todo dia. Enxergo pouquinho, mas não deixo de fazer minhas orações. Todo santo dia eu tenho que ler meu salmo. Outra coisa que eu falo: a pessoa que adoeceu se desesperar não adianta. Não esconde doença. Não esconde doença de mim, não, porque um dia a gente tem que ir. Então, se esconder, a gente não tá sabendo o que tá passando. Então, se a gente tiver sabendo, vai preparando para pedir força pra Deus. E se a pessoa desesperar, todo desesperado de dor, ela vai falar mal. Não. Eu vou me preparar, pedir força a Deus, *né*? Para Deus me dar o poder de aguentar todo dia o que Ele determinar pra mim. Eu não gosto que esconda doença de mim, não.

Mas eu sei dizer que eu adoeci. Eu fiquei 12 anos no hospital, seis anos em São Mateus, seis em Vitória. Aí o médico achava e mandava fazer exame... Ai, meu Deus! Fiz o exame. Esse exame acusou que eu tinha dado "não sei o que lá" na cabeça. Mas o médico achava que não, porque se eu tivesse dado aquela doença que falava, estaria no hospital em coma. Fiquei ruim, muito ruim mesmo. Aí, depois disso, a minha vida mudou. Mas agradeço muito a Deus... Porque outro pode adoecer e ficar muito pior do que eu, em cima de uma cama e eu, não. Eu estou aqui, faço o que tenho que fazer dentro de casa, *né*? Não faço tudo certinho, mas... vou fazendo.

A vida é boa. É só a pessoa saber viver. É mais que boa.

Eu colocava quatro meninos, dois de um lado, dois do outro, um no meio segurando minha mão e eu, barriguda, de cavalo: Memórias de Lindonor dos Santos[33]

Meu nome é Lindonor dos Santos. Eu nasci lá na Barra Seca. Barra Seca que vai no Pontal. Nasci com parteira, não foi em médico, e daí, quando eu tinha pouco tempo, o meu pai me deu pra minha vó, minha avó me criou. Ele era marinheiro, até na época que ele morreu era marinheiro, depois passou a ser mestre, quando faleceu já era comandante.

Eu tenho quatro irmãos. Somos em cinco. Eu tenho a irmã que se chama Narinha, mora ali no Nativo; Lionara o nome dela, que morava na Barra Seca, onde eu nasci, e Antônio, Nelson e Manuel. Toninho é o Antônio. Somos cinco. Mãe eu não tenho, pai... só os irmãos, mas esses irmãos não *criou* junto comigo, não. Separado. É desse jeito.

Só fiz o 2° ano lá em Linhares. É porque hoje, muitas coisas que hoje eles estudam... aí, tem palavras aí, que eu até já estudei na minha época. Eu estudei o bom livro colegiano e hoje acho que nem existe mais esse livro.

Quando eu morava com minha avó, era cuidar, estudar e cuidar de planta. Eu continuei ficando com minha avó, que ela me criou, e daí quando eu completei 8 anos fui pra Linhares estudar.

---

[33] Entrevista concedida a Adryelle Ferreira Santos. Transcrita e transcriada por ela e revisada por Ailton Pereira Morila.

Depois voltei outra vez pra Barra Seca, aí depois, como eu não fui criada com meus irmãos, só *foi* eu, minha avó e meu tio, [só três pessoas em casa], aí que depois que eu vinha do estudo, minha avó deu AVC. E depois fui ficando moça e tudo. Quando ela adoeceu, foi pra Linhares, eu fiquei com meu tio; meu tio casado e eu solteira. Depois, quando muito uns dois anos, arranjei um namorado, que é o pai dos meus filhos.

Minha avó *tava* em Linhares. Ela sabia que quando ele bebia ele era muito grosso, quando ele bebia, mas ela não sabia esse passado. Ela ficou seis meses internada lá, só veio quando melhorou, que quando deu AVC ela ficou com a boca torta, os dentes enquilhavam assim, precisava de ver. Aí ela foi pra lá e eu fiquei com meu tio solteiro, mas quem judiava de mim. Não era o solteiro, era o casado. Era o casado que bebia e vinha fazer escândalo por causa da casa da minha avó.

Judiava assim... ele bebia muita cachaça e um dia eu fiz um café pra ele. Ele bebia café forte, quase amargo, nessa época *num* era garrafa, era bule. Tinha um bule de minha avó, um bule grande pra fazer café pra quem chegava e tinha um bule menor pra ela e ele, também bebia café bem amargo. Eu fiz direitinho, mas ele *tava* cheio de cachaça. Tinha um pessoal lá na casa passeando, primo meu, parente dele mesmo, ele chegou lá, olhou o bule, destapou, pegou uma meia canequinha –hoje usa muita xícara, antigamente era aquelas louças. Ele pegou uma caneca, colocou o café, botou na boca: "Esse café *tá* mel puro". Eu falei: "Não, tio, eu quase nem temperei". Ele veio... eu tinha um cabelão aqui ó, ele veio, enrolou a mão aqui no meu cabelo e levava pra lá, levava pra cá. E esse rapaz mesmo que eu namorava, que é o pai dos meus filhos, viu tudo e eu fiquei na maior vergonha. Puxou eu pra lá, pra cá e eu sem poder falar nada, *né*? Que eu falasse ele ia me bater muito com pirai (é uma varinha dessa, toureiro, aí põe aquela argola, é feita de couro de boi, tinha três pés, aí tece igual uma corda) ainda na mão, aí eu fiquei bem quieta. Ele *arrastava eu prum* lado e aí eu chorava, mas não respondia, não falava nada. Aí aquele monte de gente lá – a minha avó era tia deles –, aí tudo lá, não teve um que dissesse "Não, deixa ela. Que não vai bater, não. Não vai puxar, não". Ninguém falou nada com medo, ele *tava* muito bêbado.

Era desse jeito. Senti muito abusada com aquilo que ele fez, por isso mais que eu fui embora, que eu fugi com Darli, o pai dos meninos, porque eu sofri demais. Eu fugi, passei muita raiva na minha vida, Deus me livre, eu... ele *chamando eu* pra fugir com ele, fugir, fugir. Eu, novinha também e judiada. Juntou uma coisa com a outra, mas não *se deu* bem, não.

Esse pessoal aí, a maioria sabe o meu passado todo, que quando vim pra aqui eu tinha Laerte, que tinha três meses de idade...

Porque quando nós mudamos pra aqui, aqui não tinha nada. Você olhava, era só sapezal[34] e água, nada, nada tinha.

Mais muitos anos já eu vim pra aqui, pra esse lugar. Lá eu trabalhei muito, aqui... Gostei, *costumei*, *né*. Ele vendeu lá onde nós *morava*, aí eu tive que acostumar. É, não tinha como dizer: "Não vou, porque não gosto, não". Aah, vida passada tem muitas vezes... tem coisa que a gente faz porque não tem jeito. Mas... então eu fui pra roça, peguei logo na enxada que eu nem tinha jeito. Vez que eu não podia ir, eu tinha que ir, se não era preguiça e foi assim a vida toda... mas, graças a Deus, eu *tô* aqui, até quando Deus quiser.

Aquele vizinho lá, continua até hoje, depois ele casou. Quando nós *vinhemos* pra aqui ele já tinha casado. Tinha filho ainda não, o Guilherme. Quer dizer, uma parte tudo melhorou: não tinha energia, hoje tem. Só a dificuldade agora é água, mas fazer o quê. Não é só eu que sofro, muitos desse jeito. Criei tanto filho, só mora eu e Liomar. Aquele ali é casado, mora aqui no muro de cá.

É que tem muita coisa, muitas coisas que já passaram. A minha vida era trabalhando na roça, desse jeito. Nós *tinha*... compramos esse lugar, depois compramos lá na beira do rio. Saía daqui pra levar almoço pra eles lá. Nessa época, quando mudei pra aqui, isto aqui era tudo era água. Chovia um pouquinho, os meninos colocavam rede e *pegava* peixe aí. Eu ia levar almoço, quando eu escorregava

---

[34] Capim Sapê típico da região em terras úmidas e alagadiças.

no valão, eu caía que eu ficava dentro d'água com a bacia na cabeça, de comida pra levar pra eles, pra eles lá trabalhando. Mas era muita água mesmo aí...

Daí pra cá muitos anos que deu essa seca. Agora é água salgada. Falta muita água e é assim. Dando graças a Deus com a que vem de São Mateus pra *ajudar nós*, porque aqui mesmo a água já era. E é assim.

Quando vocês são jovens, é pedir a Deus ajudar que vocês *arranja* um casamento, pedir muito a Deus que não vai pela onda que eu fui, não. Põe que eu criada, assim, órfã de pai. Minha avó me criou, deu estudo, fez o que pôde por mim e depois um irresponsável foi lá sujar minha vida. Por que eu nova, órfã de pai, ele falou com minha avó que tinha boa intenção, não sei o que, que me amava... e olha aí o que fez comigo. Pois é, então a pessoa tem que pensar muito. Muitas vezes tá na casa do pai, da mãe, passa quando pode. Quem tem condição boa passa condição boa e quem não tem? Então a gente tem que ver os dois lados. Se a mãe não pode dar o que a pessoa quer, tem que ter paciência, mas antes com o pai e mãe do que com um canalha que não dá valor. Deus me livre que eu sofri.

Quando a pessoa casa com pessoa que é honesta, tem amor pela família, tudo bem. Mas quando não tem, só pensa em outra mulher, só mulher, mulher, não dá, não. Não dá de jeito nenhum. Assim mesmo eu *guentava*, ele que decidiu que não queria mais *eu*. Gostava de outra, não gostava de mim mais, não. Eu disse: "Que você nunca gostou, porque quem gosta, gosta. Agora quem não gosta, finge".

Às vezes a mãe diz: "A minha filha não namora com fulano, não!". Porque cuidado, as mães não *tão errada, tão certa*. Eu sofri, sofri, porque eu passei a ser mulher dele. Eu tinha 14 anos, 14 anos eu tinha, novinha. E como diz: "Por que eu fugi com ele?". Foi o jeito, porque minha avó adoeceu, foi pra Linhares e fiquei com meu tio casado que bebia, judiava muito de mim. Então o que eu achei que devia fazer foi isso. Ele chamava pra fugir com ele, chamando, chamando, eu nova, minha vó não *tava*, eu acompanhei.

77

O primeiro filho. Quando eu tive o primeiro filho eu tinha 15 anos, eu *tava* novinha. Minha mãe morava lá na Cerejeira, perto de São Mateus.

Uma vez minha mãe mandou me buscar. Eu tinha meu filho, o mais velho, quando eu *tava* arrumando a roupa, o meu irmão disse assim: "Aaah, Linda, eu esqueci de te falar. Mamãe disse pra levar só você, o menino não". "Então eu vou desmanchar minha viagem". Eu não fui. Se mamãe *diz que* é pra levar o menino, eu não tinha sofrido tanto, não. De jeito nenhum que eu ia pra casa de um, eu não ia pra casa da minha avó, eu ia trabalhar.

Pois é. Quando mamãe me mandou buscar, que eu só tinha Fabio, na hora que eu fui arrumar a roupa meu irmão disse: "Ooh, eu vim buscar só você, só você. Não é pra levar nenhum garfo e nem o menino". "Então *cê* pode ir que eu fico aqui mesmo, onde eu tô, pode ir embora", desse jeito.

É... depois que eu vim pra aqui eu tive um aborto lá na Cerejeira e três aqui; dois gêmeos e outro separado. E daí, esse rapaz que vocês estão vendo (Alix), ele já nasceu aqui. Quando eu vim pra aqui Laerte *tava* com 5 meses. Patrícia, Leonel, Leonar e Hercules já *nasceu* aqui. E daí *tô* vivendo aqui nessa vida e vivo só mais meu filho deficiente.

E como diz a história, vivemos muitos anos, mas daí ele... pisou fora da bola, pegou e pulou fora da cerca e daí não teve como. E ainda eu tolerei tudo, porque ainda ele saiu porque quis, porque ele disse que não queria mais ficar aqui, que já tinha outra mulher, que amava. Não me amava mais, só amava outra e por aí se foi...

Mas saía, passava direto 15, 20 dias. Ele foi em Vitória uma vez fazer compra, *tava* grávida de Marineis, aí ele saiu um dia 1 de novembro, quando chegou em casa no dia 31 de manhã, no dia 1 eu *tava* sentido de já pra ganhar neném. Foi comprar roupa, hein... diz ele. Vestiu roupa de outra, dele mesmo, desse jeito ele. É do dia 1 de dezembro a Marineis. Mas *guentava* tudo pra viver, mas não teve jeito.

Depois que ele prometeu muita coisa e nada ele fez, o que ele falou com minha avó quando ela veio. Ele pediu pra eu namorar com ele, aí ela aceitou, aí depois foi a vida sempre assim, enrolada. Ele me enrolou. Vivemos 51 anos, depois ele *abandonou eu* por causa de outra e já tem o que... acho que já foi uns 10 anos e aí foi assim...

Era pular cerca que ele ia pra galera. Ia tombar mulher dos outros. Era direto, direto. É... e eu ficava com os meninos. Saía pra pescar. Mentira! *Tava* ali, ia lá pra trás... Então eu disse: "O que tanto você faz que deixa eu só com os filhos?", ele disse que mulher tem que ser assim, nascido pra cangalho (pra carregar os balaios) e porque não sei o que...

E tem uma coisa: não tomava surra porque eu dizia "Se você me bater, eu te mato". Aí então ele um dia bateu muito no menino, tirou sangue e eu voei em cima dele. E ele disse que outro dia que eu *voar* nele, apanhava eu e o menino. Aí eu: "Então *vambora*, então você me bate". Enfrentava também. Se eu desse mole, tinha apanhado, graças a Deus.

Enfrentava! Na lei Maria da Penha, perguntou [pra] eu, eu disse: "NUNCA, porque eu fiz uma promessa que se ele me botasse a mão eu matava ele".

Quando eu cheguei no juiz, ele me perguntou assim: "Se deu na hora de você enfrentar, você tem que gravar. Não pode esquecer nada". Quando cheguei lá, o juiz perguntou *tudinho,* aí o juiz disse: "Oh, você pode falar", e seu pai ficou quieto, ele sabia que eu *num tava* mentindo. Desse jeito! Aí ele disse: "Ele nunca te deu nenhuma lambada?", eu falei: "NADA, nunca, por que eu prometi a ele que se ele me batesse eu matava ele".

É o jeito, que se eu abaixasse apanhava dele. Porque eu não posso negar, o que eu falei *tá* lá escrito. Tinha umas pessoas que entrava no coro, mas eu era diferente, eu nunca apanhei do meu marido

Aí pronto, hum. Que ele ficava com brinquedinho, de tapinha, assim, em mim, aí eu disse a ele que eu não gostava de brincadeira, não. Mamãe e minha avó *dizia*, quando nova: "Ô, minha filha, se seu marido, algum dia, quando você casar, hoje você *tá* nova, só *tô* te orientando, nunca brinca de tapa e tal, não, porque vai costumando, aí um dia ele quer pesar a mão e te bate. Aí você corta logo pela raiz desde o primeiro tapa que ele vim brincar com você". Então nisso eu fiz, aí ele vinha, mas parou de brincar comigo, porque aí eu achei que aquele tapinha, um dia bate devagar, aí no outro dia eu ia sentir, não ia dar certo.

Às vezes eu ia lá pra Barra Seca, onde eu nasci, visitar minha avó. Eu usava dois balaios. Eu colocava quatro meninos, dois de um lado, dois do outro, um no meio segurando minha mão e eu, barriguda, de cavalo. Aí passava por aqui, que isso aqui era uma mata, passava por aqui, chegava lá na ponta e se ia, assim, um brejinho e saía lá no finado Bernardo, mas tinha que tirar o balaio do cavalo *tudo*. E tinha [vezes em que] o cavalo atolava e eu pegava aqueles balaio pra outro atravessar aquele... aquele brejo... e depois [ruído] cavalo, cavalo atolava e ela adiante... Eu vinha buscas os *balaio* de novo, pegava o cavalo e ia colocando. Até eu chegar na Barra Seca era de noite, passava duas travessias.

O dia todo, quando eu morava na Cerejeira. Aí quando eu ia lá, passava, assim, uns 10 dias, quando queria vir embora, minha vó chorava. Aí [o] que que eu fazia? Colocava minha avó no cavalo que eu fui, numa sela, e eu vinha puxando o cavalo pra ela e os meninos no balaio. Passava aqui, a mata chegava a fazer "vuuuuuuuuu", que era uma matona virgem, só tinha estradinha, tudo areia.

É aquele barraco... Tudo pequeno, maiorzinho era meu quarto. Toda a vida eu fiquei mais com meus filhos do que com marido. Pulava a cerca direto, eu ficava só.

Estudou lá, depois passavam lá e era toda a vida assim... Só luta, pois é. Eu *tava* dizendo pra ela que, se não fosse eu, nada ele sabia, que foi briga quando eu fui pra São Mateus pra colocar pra estudar, não queria de jeito nenhum. Falei também pra ela que se ele passa aí, se o menino tiver aí, ele nem olha.

É que o certo são quatro de *aborto*, aí que viveram são 16. Aí o mais velho é Fabio, depois de Fabio é Francisco dos Anjos, depois Rosane dos Anjos, veio Wili, veio Walas, veio Diaula, que faleceu já, e veio Walas, Darlizinho, Darli Filho, Dirley, Marineis e Leonete, Laerte...

E Alix! Tem Marineis e Patrícia, depois de Patrícia veio Leonel e Leomar, os dois gêmeos, depois Hercules, o meu caçula, que está com 26 anos. E daí, como diz, a gente vai vivendo conforme Deus quer, porque ajuda de pai pra ajudar o menino deficiente é ruim, ele nem visitar vem. É nós *mesmo* e Deus primeiramente.

Eu vou, sou da Maranata, eu e ele, mas sempre eu visito, ele também. Porque pra nós *ir* lá em São Mateus fica meio difícil, *né*?

Quando a gente tem condições, nós *paga* o Luís pra levar nós, como...

Aaah, Liomar nasceu, esse deficiente aí, ele e Leonel. Aí Lionel eu tive com a enfermeira, aí então que ele ficou quatro horas pra nascer depois de Lionel, mas uma coisa: eu nunca fiz pré-natal, fiz nada, porque meu marido *num* concordou. Mas já existia desde muitos anos isso já, mas ele não aceitava fazer nada disso. Uma parte *pão-duragem*, outra ruindade.

Mas aí eu tive Leonel com a enfermeira, mas o médico foi lá, fez exame em mim e daí deixou pra lá. Aí eu fiquei, ganhei o Leonel e depois ficou horas pra Lionel nascer e daí ele não... Disse que o menino *tava* morto, aí não *tava*. Enfermeira tornou a falar com ele que o menino não tinha morrido, que ela ia ver se podia chamar doutor Humberto. Aí quando doutor Humberto chegou, o menino já *tava roxim, tava jogadinho* lá, que *tava* morto. Por ele, *tava* morto.

Aí o doutor Humberto chegou, colocou um espelhinho na boca dele e *tava* respirando. Aí que levaram pra incubadora, mas é que tinha uma que *tava* passando mal de hepatite. Depois que esse menino saiu, tiraram e colocaram ele, parece que não trocaram nada. Eu acho que do jeito que a menina saiu colocaram ele, aí ele pegou hepatite.

Ele ficou magrinho que você não dizia que era esse menino hoje. Essa pele aqui ficou lá dentro.

Se curou, aí eu fui pra Linhares ver médico.

Se curou da hepatite, mas pra ele andar nunca andou. Já *teve* internado em Belo Horizonte e todos os médicos falam assim: que ele não anda, aí só pelos mistérios de Deus, que nada pra Deus é difícil, *né*? Se Deus ajudar, ele pode até andar, mas pelos médicos eles *fala* que ele não anda, não. E é desse jeito, sempre toda a vida eu lutando com ele. O pai não queria que botasse na escola, queria, não. Mas graças a Deus, passei muita dificuldade, primeiro eu que ia lá pra São Mateus. Meu filho morava lá, trabalhava, aí combinamos, alugamos lá a casa de Berlita e quando ele *tava* trabalhando, a esposa dele *tava* lá, aí ela ficava com ele. Quando ele folgava, aí eu ia pra ficar com ele. Era assim. Tinha... até depois ele foi pra casa da minha filha, mas ela faleceu, minha caçula, aí... Aí agora é de muitos, mas *tá* com quatro anos que Patrícia faleceu. Pois é desse jeito e sempre as lutas vêm. Ah, tanto problema... Tanto problema, doença... Ela trabalhava na D&D de São Mateus.

Adoeceu, ah, dor de cabeça. O médico disse que era verme, mas não sei ao certo o que era. Problema, *né*? Aí deixou um filho, eu criei esse menino desde pequeno, aí depois o pai dele... Mandei chamar, o pai apareceu aqui, disse pra *mim tomar* conta dele, depois já resolveu vir buscar ele. Sofri muito com a ida dele, ele estudava lá no Maria Francisca, Carlos, aí foi embora, *tá* em Minas. Cada uma coisa... A filha morreu, o filho dela me abandonou, só Deus pra confortar. Aah, eu sinto falta até hoje, criei desde pequeno.

O pai abandonou, primeiro trouxe ela e ele pequeno pra eu tomar conta deles que ele ia pra Minas arranjar emprego. Quando arrumasse emprego que ele vinha apanhar a mãe e filho, mas foi o contrário. Quando ela soube, ele já *tava* com mulher e filho lá. É... E emprego... pois é. E ainda a mãe dele que avisou a Patrícia: "Menina, você arranja um marido, porque Vitor, meu filho, já tem outra mulher e até filho". Essa menina chorou, chorou, precisava de ver! E ele não dava nada também, não procurava o menino, nada dava. Depois que ela morreu, *né*. Aí ele veio passear, pediu o menino pra ir lá pra Guriri, então eu deixei. É, pai... Depois que veio de lá, esse menino virou um... *Num* queria varrer casa, não queria ajudar eu em nada mais, nada, nada. Aí até que ele levou. *Cês* precisavam de ver como ele era, me ajudava com as coisas, mas depois disso *cabou, cabou*, nunca mais fez. Agora *tá* pra lá, nem aqui *num* vem. Então é isso.

É... Deixou uma pensão boa pro menino, aí não deu outra coisa pra ele *panhar*. Aí, você acredita que ele foi lá no fórum [e] deu queixa de mim, no fórum, pra eu entregar? Aí eu já fui pra lá com a roupa dele *arrumado*, advogado *tava* comigo acompanhando tudo. Pois é! Já pensou? Não, mas hoje em dia a lei mudou, pai é pai.

Laerte e Alix e o que morreu de batida, foram cinco... Eles foram fazer curso pra cortar cabelo. É... desse jeito. Eu perdi um de batida, ele tinha 29 anos quando morreu. Indo pra Vitória, aí o carro bateu. Ele morreu, mas é a vida...

E sobre as lutas das crianças nas escolas, quando nós *vinhemo* pra aqui tinha a professora Solange na escolinha chão de barro e tinha oito meninos meus que estudavam. Foi aquela turma de menino.

Eu nem queria que derrubasse aquela escola, porque é lembrança... É a primeira casa dela, é *aquelazinha* tombada de estuque, *né*? Mas é desse jeito, é isso. Mas a história que eu tenho é sofrida.

Frequentaram... eles estudaram aqui e depois passou Solange, depois Gracinha, depois foi lá pro Nativo. [N]o Nativinho, eles estudaram lá, naquele grupo. Depois uns *foi* lá pra rua, depois uns *foi* lá pra Vitória, alguns *estudou*, outros *fez* curso pra cortar cabelo.

Depois eles foram lá pro Nativinho estudar no grupo. Aí, muito depois, saiu mais com luta de nós todos. E ajudava, era assando bolo, assando galinha pra poder trazer dinheiro pra ver se resolvia os problemas e até que Deus ajudou que saiu demais. E é sempre assim, desse jeito. E agora eu vivo aí nas lutas com Liomar na escola e a gente, como diz o outro, ele estuda aí no ginásio, mas ele estuda também em São Mateus, na Apae[35], que ele faz fono e fisioterapia. Ontem mesmo era pra ele ir, mas a ambulância não pôde vir. E é sempre assim. Quando a gente tem condição de gastar, de pagar o rapaz, ele nos leva e nos traz pra ele fazer a fisioterapia. E é sempre assim a dificuldade pra colocar ele no ônibus. Foi muita força de vontade minha *tá* lutando pra ele hoje saber ler um pouco, porque senão... não sabia nada. E é desse jeito.

---

[35] Associação de Pais e Amigos dos Excepcionais.

Aí, quando o ônibus pode vir, vem; quando não pode, ele não vai. E eu fico preocupada. Agora mesmo ele *tá* viajando nesse ônibus, nem cinto de segurança não tem pra ele, a cuidadora que segura ele na cadeira. Se por acaso o ônibus levantar, vai cair os dois, ele e a menina. Ela não tem força pra *segurar ele*. Se o ônibus tombar, tem que ter o cinto. Hoje mesmo eu falei com o rapaz...

É sempre assim, *né*? Mas fazer o quê? É ter paciência e esperar porque não pode...

Ele estuda lá no Nativo. Maria Francisca, que ele era [da] 3ª, agora passou pra 4ª série ali. Ele vai pra Apae, ele tem que tá lá 13:10 pra 17:00 horas voltar pra casa. Mas quando a gente não tem condições de pagar o carro, e que a ambulância é muito difícil vir, aí ele não vai. Por ontem mesmo ele não foi.

Então, agora, já criei os filhos *tudo*, neto *tudo*, só *tô*, como diz o outro, a minha vida é... Pois é, minha filha, a vida hoje... hoje *tá* tudo mais fácil. Hoje meus filhos *pega* ônibus, aí meus netos *vai* pra escola. Naquela época, ia lá pro Nativinho tudo de pé. Primeiro eles estudaram ali...

Os meninos *meu estudava* todos eles lá, era oito que estudava. Não... que tinha a herança lá de Barra Seca e eu recebi dinheiro e gado e eu não queria vender lá, mas enquanto eu não vendi ele não parou de me perturbar.

Peguei quase cinco mil, o gado veio pra criar, ele vendia os bezerros, saía e trocava bezerra por bezerro e aí foi acabando. E o último foi que não queria mais *eu*, que ele já tinha outra e com outra ele *tá*. Já arranjou acho que umas nove depois que saiu daqui. Agora diz que tá com outra, mas vê o filho deficiente... O caso é eu, Liomar, porque se *doece* tem que levar em médico. Os problemas de escola é eu *mesmo*. É assim. [Se] for esperar por pai?! Hum!

Já trabalhei demais, muito mesmo, mas a gente vai vivendo. Eu tinha um gadinho, depois eu vendi. Porque além de o cara acabar com que é meu, ainda tive que repartir meu gado com ele.

Assim só domestica mesmo. Nunca trabalhei fora, não, só em casa mesmo, criando filho, lavando, passando e fazendo coisas eu *mesmo*.

Aaah, com minhas coisas, que a gente tinha as coisas, vendia pra comprar, e é assim. Nunca trabalhei pra fora, não. Hoje que é certos tempos que as *mulher* vêm trabalhando, o homem ajuda.

Nem falei que quando a gente tinha muito gado eu fazia muito queijo, requeijão. Fazia muito queijo, requeijão, batia manteiga, 4 horas da manhã eu *tava* com esses *garrafão* de 25 *litro* batendo manteiga.

Aqui, ondei eu morei, tudo eu fazia. Eu às vezes levava 2 kg, 3 kg de manteiga pra vender, eu já tinha freguês pra entregar. Eu vendi muito queijo pro finado Romulo Martins lá de São Mateus, Nilo Equetaqueno, que hoje é a Boroto Calçados, ali no Centro, doutor Arlindo Sandre. Eu entreguei muito queijo e requeijão. Lá na Paulista também eu fazia muito queijo lá. Ah, eu já fiz muito queijo e requeijão, eu tinha três *fermeira* de queijo e requeijão. Queijo, manteiga, tudo eu fazia. E daí nessa época [que] fazia queijo, eu trabalhava na roça. Já *panhei* muita farinha, tudo isso eu já fiz, já colhi arroz com água por aqui, ó, eu dentro d'água, colhia coisa.

Já colhi muito. Barriga? Nunca me atrapalhou, nunca me atrapalhou. Eu com um barrigão que *cês* precisavam de ver, Nós queimamos um roçado que era mais de um alqueire.

Aí eu sentava nesses pau, assim, alto, da altura dessa mesa. Mas cada pau! Pra pode passar do outro lado. Esse Wili, que vocês encontraram com a esposa dele aqui, eles fizeram um ajuntamento, aí eu cozinhei pra mais de 40 pessoas. Aí quando deu 8 horas da noite eu *ganhei ele*, [com] três *pilão* de arroz ainda no fogo.

E fazia pavio, que lá na Cerejeira... aqui também... porque nessa época não tinha luz, não, só na luz do lampião. Quando o homem encrencava que não queria comprar querosene, nós *usava* óleo diesel no pavio. De manhã eu tinha que *tá* com paninho de flanela limpando o nariz meu, de todo mundo, porque ficava *pretim*. Minha filha, a vida que eu passei não é mole, não.

Aaah, sim! Aqui hoje mesmo *tá* com três dias que a menina foi pro Rio. Ela *tava* aqui, o meu neto de Castelo também *tava* aqui.

Os outros tão *empregado*, têm a casa, têm a família deles em São Mateus. A menina mora em Castelo, outro no Rio e os meninos *mora* fora. Tudo assim, cresceu, casou, cada um tem seu compromisso com a família, aí sempre quem *tá* aqui é esse aí que mora aqui mais perto. Qualquer coisa ele *tá* aqui pra me ajudar.

Mas é desse jeito, minha filha. Toda a vida trabalhei mesmo. Só, como diz a história, o salário meu com a pensão que o menino... que o menino aí encostado. Nós *vive* disso. Porque eu faço compra... assim... eu compro, aí, vamos supor, naquela data que eu comprei, [quando] eu receber eu pago aquela conta e já faço outra. Toda a vida eu *tô* devendo a compra. Porque eu compro uma, vamos supor, eu comprei o mês passado, agora vem esse mês; quando for no dia 8 eu recebo, já pago e ainda compro. Vai fazer 14 anos que eu compro nesse lugar, 14 anos que eu compro lá... E é assim, o que eu quero eu compro mesmo e depois... Esse aí sempre me ajuda também. É assim porque filho é assim. Uns *ajuda*, outros *diz* que *num* dá, então não sou de *tá* pedindo nada a ninguém. Quem quiser me dá, me dá, mas de pedir não peço, não. Vou vivendo com minhas economias.

É desse jeito. Deus dando saúde.

Aí, graças a Deus, eu moro aqui, Alix mora aqui perto de mim, sempre *tá* aqui comigo, e Leomar desse jeito... Como diz a história, ele não é aposentado, só é encostado, mas ele me ajuda também. Eu vivo da minha aposentadoria e ele me ajuda também, porque pra mim só é muito, mas ele me ajuda. Hoje eu já *tô* com 73 anos e ele tá com 30, vai fazer 31. Nós *planta*, os *menino planta* aroeira, melancia, abobora. É... Eu não, eu faço alguma coisa. Já trabalhei muito, agora eu tenho que descansar um pouco.

Só... Eu queria, assim... que ele desse ao menos... Toda a vida ele teve esse menino deficiente aí. É eu, Deus mesmo, a não ser aquele ali que mora aqui, leva ele no ponto pra mim, mas sempre aquela dificuldade.

Diz que encostou perto de uma viúva lá. É *pela* órfã, que eu era órfã, sou até hoje e ele *pelou* o que pôde. E agora vai *pelar* a viúva, por aqui tinha um *pela* viúva. Por isso que quando você arranjar uma pessoa tem que olhar bem.

Pois é. Porque, minha filha, né mole, não. Não é mole o que passei na minha vida. Eu pedia dinheiro pra comprar roupa pros meninos e ele dizia: "Nós *tão vestido*. Pra que roupa? Pra que dinheiro?".

Meus filhos sofreram e eu. Hoje, que Deus abençoe com quem ele tá, que há de deixar as ignorâncias e tratar bem. O que eu desejo é isso: que Deus dê muita saúde a ele, muitos anos de vida. Então é o que eu desejo a ele, é isso: boa sorte, que Deus dê muitos anos de vida a ele, e ele tratar bem com quem ele *tá*. Graças a Deus, acho que agora acabou.

Eu consegui a terra, eu vim pra cá contente. Eu não dormia, não ficava com dor nas costas, ia para o campo com os filhos, eu era doida: memórias de Dona Leocádia[36]

Nasci aqui mesmo. Nasci e criei aqui no Nativo. Tenho 86 anos.

Agora está tudo bom, antigamente aqui era só lama. Quando tinha enchente, ficámos todos atolados na lama. Saíamos de canoa e ficávamos na igreja, depois voltávamos. Já no tempo seco o barro pocava[37], chegava até a rachar de tanto Sol. Agora não tem mais brejo e tem até mato.

Tinham poucas pessoas que cultivavam aqui, eram sete: finado Eunício Pimenta, tio Carlos, papai, o filho mais novo da minha mãe, Agostinho, Arlindo Belo, moravam ali do lado. Era difícil plantar. Tinha os pastos onde os bichos pisavam tudo. A água também era boa, antigamente fizeram umas valas que foram secando, puxando a água do rio, acabando com os peixes e os camarões. E aí os vizinhos foram saindo. Mas era uma animação só ver todo mundo lá, e *trazia* peixe, camarão. Minhas meninas traziam peixes e cortavam a cabeça.

Meu pai era pescador, trabalhava o dia todo e mamãe pescava também. Quando dava cinco horas, eles já vinham com o peixe. Papai morava lá no brejo velho, quase perto do Mariricu. *Vinheram* ele

---

[36] Entrevista concedida a Mariana Duim Ferreira, Ailton Pereira Morila e Rosiléia Alves dos Santos. Transcrita e transcriada por Mariana Duim Ferreira e revisada por Ailton Pereira Morila.

[37] Pocar é uma expressão capixaba que serve como coringa em várias ocasiões, tanto para o lado bom quanto para o lado ruim.

mais mamãe para cá. Dois cunhados que moravam aqui deram uma parte das *terra* para ele. Mamãe já tinha dois filhos, quando veio para cá, teve mais uma porção aqui. Uns nove. Éramos quatro *menina* e quatro *menino*, mamãe perdeu [um].

    Eu lutei por essa terra. Quando meu pai morreu, quem teve que ir lá requerer era eu. Quando meu pai morreu, fui ver com meus irmãos para me deixar as terras, só que a mamãe não gostava de mim, não. Aí os meus irmãos vieram medir as terras, eu deixei pra lá. Via tudo e pensava "como que pode?". Ficou quase um ano no protesto. O delegado veio aqui pedir para *mim* assinar os documentos, eu não quis. Ele disse: "Você tem que assinar". Eu falei: "EU? Vamos ver se vou assinar. Vamos lá no juiz, é lá que eu vou assinar!". Tive o requerimento, mas foi uma doideira. Quando eu penso que uma mulher, Dona Nice, muito boazinha, me ajudou. Passou cinco meses e o edital chegou e depois a escritura. A advogada foi lá no meio [do] trabalho. Quando a escritura chegou eu falei "Graças a Deus, meu pai", e ela falou: "Agora você está livre. Fica calada, não fala nada. Você já está no inferno, se não eles [os irmãos] podem prejudicar você". Eu consegui a terra, eu vim pra cá contente. Eu não dormia, não ficava com dor nas costas, ia para o campo com os filhos, eu era doida. Era sindicalista.

    É... eu briguei, viu? A mulher do sindicato me chamou e falou: "Olha, a senhora paga tudo em dia certinho que não vai ter trabalho nenhum. A senhora pegue esse papel aqui e não joga fora, não. Vai te servir". Eu falei "Pode deixar". Se eu não fosse filiada do sindicato, não ia saber, não. Foi uns dois *cunhado* que *deu* essas *terra* pro papai e eles queriam a escritura para vender. Eu não ia ter direito a nada, não. Veio inspetor aqui de cinco lugares: Linhares, Vitória, São Mateus, Cachoeiro de Itapemirim. E falavam isso aqui tudo é seu você trabalha na lavoura tudo isso aqui é seu. Vendi dois alqueires para fazer essa casa. A anterior o rio foi chegando, chegando, chegando e aí ficou mais nada. As casas aqui eram *tudo baixa*, o vento levava, era de palha, estopo.

    Quando meu pai morreu, eu já tinha oito filhos. Hoje metade [deles] estão em Vitória, tem um em Belém do Pará. Eles foram me deixando, casando e saindo. Todos *avoaram*, mas foi malvadeza o que fizeram pra mim, todos saíram e eu me via sozinha. Quando meus filhos eram criança, eu dava logo uma *chapuletada* e eles paravam de fazer hora comigo. Tenho vergonha, não. Hoje já tenho um bocado de bisneto e neto, nem sei quantos. Eles vêm me visitar e eu deixo eles irem.

Íamos ao mercado uma vez por mês, *carregava* as compras nas costas, não tinha cavalo, não tinha carro o jeito era as *canela*. Fazíamos economia com o sal, aprendemos a fazer sal com o Jose Maria, usando a água lá da praia. Colocava duas latas de água com sal para ferver e uma lata de água doce e o sal ficava fininho, precisava ver! Da primeira vez deu certo. Hoje eu compro o sal, está mais barato. Naquela época o dinheiro do sal era para outra coisa: para o café. Sabão uma barra era 60 réis, o quilo do café era 200 réis. Agora ninguém sabe o que é réis. O que nós *fazia* para improvisar no sabão era arranjar umas folhas de araçá, colocava abóbora, púrpura de melão de São Caetano, que se não amargava, passava o sabão, depois passava o negócio, esfregava, esfregava, chegava a espumar.

A comida era mais fácil. O peixe dava com abundância. A carne era mais difícil. A farinha, o tal do arroz e o feijão não existiam. Foi todo mundo criado no caldo do peixe.

Quinhentos réis o quilo da carne de porco. Quinhentos réis o quilo do toucinho. Escuta só a história: era barato, mas saía caro. Como é que conseguia aquele dinheiro todo? Ainda bem que todo mundo criava porco. As carnes [a gente] salgava e colocava no sol para secar. Eu comprava uns pintos para comer. Eu mais Leucimara. Hoje tem geladeira, está tudo fácil, graças a Deus.

Eu sou rezadeira, rezo porque foi um dom que Deus me deu. Até meus filhos não queriam que eu rezasse, mas foi o dom que Deus me deu. Minha mãe sabia rezar, mas não me ensinou. Aprendi com um homem mais velho, quando ele ia rezar, pedia para rezar alto. Nesse tempo eu tinha uma memória boa e aprendi desde pequena porque Deus permitiu.

As pessoas vêm aqui até hoje, tem dias que eu não almoço. Conforme a doença, eu já aplico o remédio, para banho, para beber. O que era de banho era de banho, o que era de beber é de beber. Era assim. Eu olho, meço a espinhela, arca e já explico o que tem, se é olhado, dente caído aí já é outra parcela. Para olhado, por exemplo, o remédio é banho. Antes vinham mais, agora que estão vindo menos, não sei se é preguiça de andar. Tem que *vim* de carro, *né*, não pode vir de pé que é longe.

Antigamente não havia médico, as mulheres que eram as parteiras, eu *mesmo* já apartei 14 *criança*. Não é difícil, depende da pessoa. Se teve queda, a criança nasce *torto* na barriga, aí a gente tem que dar direção. Depois que nasce, a gente dá um ponto, amarra o umbigo. Graças a Deus nunca aconteceu nada de ruim.

Quando a escola chegou, eu já estava velha e cavalo velho não *panha* passo, não. Mamãe criou todos nós. Se tivéssemos estudado, não iríamos aprender nada. Trabalhava o dia todo na enxada com meu pai e, graças a Deus, tinha uma cama para deitar, todos cansados. Naquela época não tinha escola. Mas vereador tinha *uns monte*. Acho que já teve seis, cinco *vereador*. Não compensa, nenhum liga para nós. O primeiro vereador, Jorginho Daía, perguntou [d]o que o povo do Nativo precisava, que ele queria fazer mais para o povo. Ele trouxe energia, aquela vala para puxar água e até combustível. Político nenhum tá valendo nada hoje.

Aqui no Nativo a lama pegava no pé e íamos embora, *lavava* os pés com o balde. E roupa bonita? Não tinha, saía daqui com a roupa velha, rasgada. A gente usava aquele material que faz calça de homem para trabalhar e fazia vestido para nós. Eu, minha irmã, mamãe, ninguém reparava. Tinham aqueles que podiam se vestir com uma roupa mais bonita, mas nós somos pobres mesmo. Calçávamos tamanco, não tinha esse negócio de usar chinelo, era o tal da *perecata*, um tamanco que machucava os pés. Cavalo que não é acostumado com ferradura se machuca mesmo. Hoje eu digo para vocês "tá bom para vestir", mas o comestível hoje está caro. Hoje as pessoas dão roupa. Antigamente você não tinha direito a ganhar um vestido, hoje, se ganhar um vestido e ele for feio, você não usa.

A gente ia para a igreja e depois cada um para suas casas. E quando chegava, ia trabalhar. Tinha uma festa na igreja que durava três dias, dançava até de madrugada, ninguém dizia nada, era muita animação. O pessoal de longe vinha e ficava nas barracas. De dia a gente trabalhava, à noite tinha a reza e depois ia *descanelar*. *Vinham* gente até de povoação. Eles escreviam para o Pedro Belo, que era o mais animado. Ele, já sabendo, pegava os trabalhadores para montar as barracas em volta da igreja, ia no mangue pegar manga, trazia os porcos, fazia as farofas, o pirão... Chegava a sobrar farofa e a gente comia era no café da manhã, tinha pamonha, bolo.... Eu sei que a festa era animada. À noite usava o lampião, todo mundo gostava. Tinha violão, rádio, radiola. Muito tocador. Agora de sanfona que era mais difícil. Era festa animada, não custava tão caro quanto agora e era animado. Hoje tem uma porção de padre e não vejo animação nenhuma.

Eu era muito amiga da Bininha, da irmã da Bininha, da Leonor e da Ronilda.

E agora ainda dizem que rapaz de 20 anos não tinha liberdade, então não tinha mesmo, mas os pais criavam direito. Os homens eram dominados pelos pais. Se um filho queria ir em um passeio ou qualquer coisa, tinha que pedir aos pais, se eles deixassem eles iam, se não deixasse eles não iam. Quando namorava, não tinha esse negócio de ficar atracado, não. Não existia, era namorado, só tinha mulher com marido. Não podia trazer para casa, não. Namorar era conversar, olhava de lá, olhava de cá. A gente chegava para o pai e a mãe e dizia: "Papai, mamãe, Fulano quer namorar comigo" e só podia se fosse direito e eles ficavam vigiando.

A moça tinha de ser obediente aos pais. Varrendo um chão, lavando louça, roupa. Porque os homens iam na sua casa, *ficava* palestrando com sua mãe mais seu pai, mas ficava só *assuntando* para saber como a mulher era, se ela era obediente, se era trabalhadeira ou, se não, ficava só olhando, porque se for desobediente para a mãe e o pai, ia ser para ele também. Tinha essa encenação. Agora, se ele visse você e sua mãe mandasse: "Ô, Fulano, tem que fazer isso" e você dissesse "Vou não!". "Fulano, faz isso". "Vou não!". Ele ia despistando devagarinho e mandava bilhete de que não queria mais você. Agora, se o homem levar você aquela vez e você saiu fora, ele tinha que chegar e contar para sua mãe o que você fez e da próxima vez que alguém pedisse, não ia mais.

Eu não quis casar. Mamãe dizia: "Hein, vem conhecer Fulano!". Eu só fechava os *olho* e tchau! Vem um infeliz aí e pede [a] seu pai para namorar, trata você bem e tudo e de repente ele se revolta, foge e leva o que é seu. Melhor ficar livre, por isso que eu nunca quis casar. Tive filho e não casei. Fiquei de namorar um rapaz e ele fez malvadeza comigo, então virei a cabeça, também não quis casar. Papai e mamãe vinham para me obrigar a casar, eu abaixava a cabeça e não casava. Homem só enrolava a gente, era bicho infeliz, mas eu não *pagava besteira*, não. São tudo falso, ficava de blablabá que ia casar, quando eu penso que não eles iam embora, me deixavam com um filho nas costas. Criei todos os filhos, Graças a Deus.

Era do trabalho pra escola; chegava da escola, almoçava e trabalho de novo: memórias de Francisco Luiz dos Anjos (Seu Chico)[38]

Meu nome é Francisco Luiz dos Anjos, nasci no ano de 1963 e a minha história não é muito grande. Chegamos por aqui em 74, vim com minha família, que é da região do Nativo mesmo, só que mais perto de São Mateus, a conhecida Cerejeira. Minha mãe foi nascida por aqui mesmo, em Barra Seca, divisa de Linhares e São Mateus. Meu pai também é da região, do Nativo mesmo. E nós sempre trabalhamos na roça, mexendo em lavoura e criação de animal, praticando o cultivo para a subsistência, plantando e colhendo para comer. E aqui fui fazendo a vida, trabalhando, lutando. Conheci Dona Elisabete e temos um casal de filhos, Diego e Daiane, e aqui construí minha família.

Minha família se mudou para cá mais por conta da escola. Éramos em 19 irmãos, hoje só 14 vivos, e onde morávamos, na Cerejeira, não tinha escola. Mesmo a mais perto ainda era muito longe. Como eram muitos meninos para ir, não tinha cavalos para todo mundo, acabávamos indo três em um cavalo, então mudamos para cá para poder estudar, mas mesmo assim era difícil. A escola do Nativo ficava a cinco quilômetros de onde morávamos e dava para ir de pé mesmo. Andávamos igual cavalinho, naquele *galopinho,* para não che-

---

[38] Entrevista concedida a Ellen Zouain. Transcrita e transcriada por ela e revisada por Ailton Pereira Morila. As entrevistas de Francisco Luiz dos Anjos e Elisabete Barbosa dos Anjos foram feitas concomitantemente. Fez-se um esforço para separá-las. Uma outra parte que envolve a luta política de ambos foi deixada como uma terceira parte, pois mostrava-se impossível separar.

gar atrasado. Era dessa maneira. Naquela época não tinha merenda, tínhamos que levar coisas de casa para comer. Levávamos beiju, bolo, o que tivesse. Merenda era dessa maneira. Tinha também a famosa farofa de dendê, você fazia a farofa com a farinha meio sequinha e com sal, ficava muito gostosa. Na hora da fome, eu comia que chegava a melar a cara. A gente fazia muito óleo de dendê no Nativo, a gordura era banha de porco ou era dendê, ninguém comia esse óleo de soja venenoso. Era só extrair o óleo do coco verde, colocava para queimar, ia saindo uma fumaça e depois ele fica branquinho, igual banha de porco. Aí quando esquentava, virava o óleo de novo. O pessoal ia para a escola com os *beiço* amarelo e nessa época era comum, ninguém reparava.

Na escola todo mundo levava uma coisa, qualquer coisa, e na nossa região não tinha negócio de pão, era mais coisa de italiano. Aqui era pamonha, bolo de fubá, beiju e a gente ainda dividia entre os colegas. Já tinha as duplinhas, juntávamos dois, três colegas, e lembro que eu e Jair, ele quase todo dia levava beiju e fazíamos nossa divisão. Não deixávamos o colega sem comer. Era assim que a gente se misturava na escola, essa divisão era sagrada.

A escola era muito diferente de hoje, mais rígida com os alunos. Na nossa época, a gente fazia a sabatina. Eu me lembro que juntava uma turma de 15, aí a professora começava com a tabuada, daqui para lá ia tomando tabuada de todos. Ela de repente pulava e ia lá no último da fila, e se tivesse uns três resultados que o aluno não soubesse, ele ganhava palmadas. Aí o camarada tinha que saber mesmo, e a professora tinha autonomia: se alguém desobedecesse, ficava de castigo. Eu me lembro também de um dia que eu estava jogando bola com meus colegas da classe e, quando deu a hora, entramos para a sala, só que tinha dado uma discussão no campo e quando a turma da manhã se juntava com a turma da tarde não tinha jeito, era igual papagaio na fruteira, um falatório sem fim. Aí a professora de vez em quando mandava um "Psiuuuu", até que ela começou a perder a paciência e disse "Vocês vão ficar sem recreio porque estão conversando muito". Quem tinha a sabatina sempre puxava pro lado dos colegas, até que ela pegou a régua e foi dando reguada nas pernas de todo mundo. Só que passou em mim e não bateu, pulou pro outro. Quando foi na hora de ir embora, um aluno questionou com a gente, falando que ela estava protegendo, mas ela sabia que eu não estava na bagunça. Na matemática eu era bom, e olha que nessa época era difícil, tinha que fazer a conta e tinha que ter os *noves fora* ainda. Hoje as pessoas perguntam o que é isso, ninguém sabe o que é, mas fazia parte do dever de matemática. Você levava quatro números ao divisor, chegava com a conta, o dever pronto, ou então com um problema, tinha que ter todas as contas e se você não fizesse os *noves fora*, voltava pra trás, tinha que fazer. Mas era tudo muito bom porque, por exemplo, um aluno que já estava na quarta série ajudava os alunos de primeira e segunda série. A própria professora incentivava isso, colocava os alunos de quarta série para corrigir o dever dos menores e assim ajudava ela, aprendia mais e ajudava os menores.

A gente já trabalhava muito quando era criança e ainda ia estudar. Na nossa infância, tinha o dia de brincar, que era o domingo ou dia santo, porque para nós não tinha feriado, era dia santo. O dia de um padroeiro, por exemplo, isso era dia santo para nós. Dia de São José, Nossa Senhora Aparecida, Bom Jesus, Corpus de Cristo, isso que era dia santo para nós, que dava gente brincar, pois, do contrário, era do trabalho pra escola; chegava da escola, almoçava e trabalho de novo. E ainda tínhamos que fazer os deveres de casa à noite e na época era na luz do lampião, ainda não tinha energia, como é hoje. Para estudar era muito mais difícil, eu mesmo só estudei quatro anos da minha vida, mas porque era difícil pra gente. Até comecei depois a estudar na cidade, mas não deu certo.

Mas nossa infância foi muito boa. A brincadeira era outra, muito diferente de hoje em dia, eu me *alembro* que morávamos no baixo e tínhamos muitos primos, todos com 15 anos para baixo, e a gente se divertia. Ia todo mundo tomar banho no córrego, *tudo* pelado, e não tinha maldade, ninguém reparava no outro. Aquilo era moda, a gente ia pro córrego e *tudo* mundo tinha que arrancar a roupa, se não ninguém caía dentro d'água. Até mesmo porque naquela época nem existia sunga, era cueca mesmo. E juntava todo mundo, aquela *primaiada*. Ixi, mas a gente aprontava. Mas no geral a infância da gente mais era trabalho.

    Mesmo com todo o trabalho duro, aqui tinha bastante lazer, muito melhor que hoje, tinha bastante festa e a gente se divertia. Quando tinha festas, não era que nem hoje, não, só chegava gente de cavalo, bicicleta ou a pé mesmo. Hoje, quando tem uma festa, você não vê mais ninguém de cavalo, é só de carro, moto. É aí então que você vê como a mudança veio e que com essas mudanças os impactos também, roubos, violência. Mas naquela época as festas eram muito boas, festa de forró e tinham as quadrilhas na região. Era uma tradição forte, hoje você não vê mais, é complicado... Existia uma união muito grande na comunidade nessas festas, muita gente. E era animado, muito animado. Eu não me *alembro*, mas minha mãe falava que quando era festa de São José eram três dias de festa e vinha gente de Conceição da Barra, Povoação, todo canto. Vinham de canoa, tinha cavalo, mas o tráfego era mais de canoa, por conta de a estrada aqui ser de areia naquela época. Acho que carro nem existia, e o pessoal [se] divertia muito.

Hoje em dia, a tradição não tem mais tanta força: memórias de Elisabete Barbosa dos Anjos (Dona Bete)[39]

É... a minha família não era muito de festa. Meu pai mesmo não gostava de festa. A festa que ele gostava era a do campo de futebol. Aí, sim, ele era fanático. Quando tinha o joguinho dele, ele não perdia, ia para tudo que era canto que você imaginar desde que tivesse jogo e convidasse. Essa era uma das características dele. Mas tinha uma festa [de que] ele participava muito, a festa de reis, porque os pais dele cultivaram isso na cultura da família. Meu avô, principalmente, cultivava isso e todo ano tinha que ter, duas três vezes no ano, pois são três épocas, São Brás, São Reis e São Sebastião. E nessas três épocas ele tinha que ter o terno, as *indumentária*. E era tão prazeroso para eles, faziam como se fosse uma festa, matavam animais, faziam café, faziam janta, aquela *coisada* para muita gente que vinha. E naquela época, na roça, era tudo sem miséria, tudo de graça, ninguém pagava nada e vinha. Hoje as coisas ficaram mais escassas e, quando se faz alguma coisa, tem que vender, fazer uma vaquinha. Antigamente, não. Era tudo gratuito e tinha muita farofa de carne, *né*, não era igual hoje que você faz mais feijão e arroz do que carne ou que na farofa a carne é só para o *recheiozinho* de cima. Antigamente a farofa era de carne mesmo, era carne e farinha. O Francisco está aqui para confirmar. "Era mesmo, tinha família que criava um capado de um ano para outro, todo ano só para essas festas" (Chico).

---

[39] Entrevista concedida a Ellen Zouain. Transcrita e transcriada por ela e revisada por Ailton Pereira Morila.

Hoje em dia, a tradição não tem mais tanta força, mas ainda tem essas famílias. A Dona Leocádia é uma das que ainda mantém a tradição, é uma das únicas. Ela ceva o porco de um ano para o outro, mata e comemora no dia São Bartolomeu. É uma promessa para o filho dela e mantém isso até hoje. Ela faz duas ladainhas, dois momentos de oração, e dá essa *comidança*, aquele farofeiro na hora do almoço e serve para o povo. Hoje ela já usa o feijão tropeiro e o arroz, mas antigamente era só farofa, *né*, Chico?! "Eu mesmo sempre ajudei. Usa muita carne de porco, que você desmancha aquele toicinho e transforma tudo em farofa. Aí só não pode comer demais porque dá uma dor de barriga" (Chico). E Chico tá certo, dá mesmo. Só que hoje, para falar a verdade, ela é a única da tradição do passado. Antes, aqui na região, era ela, meu avô, Ambrósio, e Dona Consuelo.

Tinha outras coisas nas festas, o forró. Mas não era tão forte, não, na cultura da minha família. Pelo que me lembro, forte mesmo era esse momento. E tem umas histórias que não sai da mente da gente, *né*, quando você é criança, você passa por uns momentos na vida que você não consegue esquecer. São historinhas que ficam pra lembrança o que nossos pais deixam para nós. Chico fala sempre que trabalhou a infância inteira, mas eu mesma não sei o que foi trabalhar na minha vida, só depois de adulta, *né*. Não sei nem o que foi um coro nem do meu pai nem da minha mãe, e acho que fui educada do mesmo jeito. Os pais criam de acordo com a forma [como] são criados, vão construindo de acordo com o que vivenciaram, e hoje tento criar os meus filhos assim. Na alimentação, por exemplo, na minha família e na do Chico também, a gente sempre cultivou e comeu, sempre foi assim.

Meus avós sempre foram muito caridosos com as pessoas. Se minha avó encontrasse uma criança, que tivesse maltratada, seja de alimentação ou que a mãe deixava ali para ela cuidar, ela criava. Ela ganhou muitos filhos para criar. Além dos dela, que eram 12, ela criou mais uns 13 eu acho. Ela já era velhinha e ainda cuidou de todos e ela *educava eles* como se fossem filhos dela. Tinha uns que *dava pra ruim*, que não estudavam, não gostavam de ajudar, mas ela tentava, coitada. E ela muito segura, daquele povo antigo seguro mesmo, fazia muito óleo de dendê para vender e assim mantinha a casa. Tinha também carne de porco, galinha e um pomar também. Dali tirava o café do sustento, tudo, mas o dendê era a tradição da época, o mais famoso. Além disso, tinha o cacau, que ela vendia pra fazer chocolate. Só ela vendia o cacau por aqui nessa época, ela tirava do pé e eu lembro que ela colocava a gente para chupar, mas não podia machucar o caroço. Assim a gente tirava a polpa e deixava o resto inteirinho, porque aquilo ali ela vendia...

Muita gente da família morava na casa dos meus avós. O meu primo, quando era criança, hoje é advogado, falava assim: "Ê, vovô, *tô* cansado de comer gambá". Naquela época na minha casa comíamos muita caça, *né*, quati, gambá, isso que era a comida. E meu avô, sempre muito divertido, falava assim: "Ah, então você vai lá e aleija um porco". E o que era aleijar um porco? Quebrar a perna de um, porque aí o porco chegava mancando e não tinha jeito. Minha avó fala assim: "Ê, Nanim, o porco quebrou a perna, não sei o que que foi isso", e ele, que já sabia de tudo, gritava "Então põe água pra nós matar". E ele falava "Manda fulano matar", aí os meninos iam lá para matar o porco, os filhos, os netos... Não era uma vida fácil, mas mesmo com todas as dificuldades eles nunca deixaram de dar amparo, de hospedar na casa deles, de acomodar os filhos e deixar a família unida, todo mundo junto...

Na escola, aqui, era muito bom. E a gente aprendia tudo. Na matemática mesmo, além de decorar, você ficava aprendendo três vezes tanto. Eu tenho certeza de que hoje muitos não vão saber de pranto, mas eu sei. Na época estudei só até a oitava série. Fui tirar meu segundo grau depois de velha, mas fiz. Aqui na roça nós sofremos para estudar. Fiz curso técnico também e foi uma luta, nós saíamos daqui às 17h e só voltávamos 5h do outro dia. E aí já viu... era o tempo de pegar as coisas e ir trabalhar. E quando chegávamos do trabalho, era quase hora de ir pra escola de novo. Era sofrido, mas graças a Deus a gente vai vencendo...

Representatividade é muito importante. Quando conseguimos colocar um vereador da região, ganhamos força e ele conseguiu com seis meses colocar o ônibus da noite, que tem até hoje, que leva para a cidade. Aí melhorou muito, a gente ia e voltava à noite mesmo.

Porque essa é nossa vida, daqui tiramos nosso sustento e lutamos por um espaço cada vez melhor. É dessa luta que construímos nossa história: memórias do casal dos Anjos[40]

Aqui, para sobreviver, a luta sempre foi grande. A gente conseguiu formar um movimento por aqui em 2002, 2001, mas foi em 91 para 92 que começou a chegar aqui esse movimento, que foi surgindo lá no Rio Grande do Sul, o Movimento dos Pequenos Agricultores, o MPA. Lá no Rio Grande do Sul, deu uma grande seca e então os produtores não tinham o que fazer e não sabiam o que fazer para subsistir lá na propriedade, aí todo mundo se uniu, foram todos os produtores para a beira da pista e ali o governo se sensibilizou, mandou cestas básicas, algumas coisas para poder ajudar, e dessa união se formou o MPA. E hoje no Brasil já está em 17 estados, lutando pela dignidade do produtor. Aí chegou até nós em de 92 para 93, e em 2002 a gente conseguiu montar um grupo aqui na base. E a partir daí a gente trouxe muitas melhoras. A nossa região é uma região de terra muito fértil, produz muito bem, mas com a seca sempre se agravando a cada ano, e a Petrobras desde os anos 60, por aí, explorando petróleo aqui, só degradando tudo, *cortou* os pântanos que tínhamos no Nativo, faziam o aterramento e ali se cortavam os pântanos e causando cada vez mais a seca, *né*. E aí, através do movimento, a gente conseguiu se mobilizar, junto com os políticos, e conseguimos fazer

---

[40] Entrevista concedida a Ellen Zouain. Transcrita e transcriada por ela e revisada por Ailton Pereira Morila.

essa estrada maravilhosa que tem aí, 28 quilômetros de asfalto. Isso foi luta, *cabeçamento* pelo movimento que começou e conseguiu nos unir e trazer os políticos, e assim a gente vem na luta, no dia a dia, tentando sobreviver nessa crise danada aí, *né*.

Depois da vinda do movimento para cá, nos unimos mais e buscamos lutar pela comunidade. O que nós vemos de mais preocupação hoje aqui é a exploração que fizeram na região sobre as valas que foram feitas sem um conhecimento ou um estudo maior. Passamos por uma época política que liberaram máquina pra tudo quanto é lado, e por ser uma região de baixada, foi contaminando a água, a água salgada foi entrando. Nós tínhamos na região a *tufa*, era o pulmão do Nativo, não deixava a água salgada chegar até nossa propriedade. Como foi cortando de vala, veio a seca e a água que tinha existente era água salgada e acabou também com as propriedades. Isso é uma grande preocupação, porque a Boca de Barra de Barra Nova, por exemplo, não existiu pela natureza, existiu pelo homem que estourou com bomba. E aí que abaixou mesmo, foi a mesma coisa com a lagoa de Siruaca, que era a maior fonte de água doce que tínhamos por aqui, a maior reserva de água doce do Espirito Santo. Hoje a água salgada tá dentro da lagoa de Siruaca e isso é muito preocupante. Era ali onde tem aquela ponte, ali que é a divisa de Barra Seca com Pontal, indo de São Mateus pra Linhares. Ela tinha uns dois metros de fundura e hoje ela tem uns 20 metros, meteram bomba e estouraram as pedras e a água salgada agora está acabando com a nossa região. A seca vem aumentando a cada dia. Também tem o questionamento de que a seca é por causa do eucalipto, porque um pé de eucalipto puxa 14 litros de água por dia. Isso nos estudos, *né*. A gente tem que plantar o que come, e a gente não come eucalipto. Nem os plantadores que são latifundiários não *come*, *né*, então com alegria deles vem a miséria de quem vive trabalhando, *né*, duro, há muito tempo por aqui. Por exemplo, era tradição plantar arroz aqui no Nativo, e hoje é só eu e Izaias, que não sei se está plantando ainda. A gente plantava todo ano, e aí a gente comia aquilo que a gente planta...

Uma vez os alunos da escola vieram aqui conhecer e perguntavam "Que [é] isso? É capim? É mato?". Ninguém conhece mais, e antigamente era tradição... Vem até as lembranças da infância, pois era engraçado... Quando vinha uma visita e não tinha arroz, a gente ia lá socar no pilão, até dar ponto, colocava uma palha de milho no meio e socava devagarzinho pra não quebrar. Se quebrasse, tomava um cacete aí.

Mas é interessante... Quando veio o movimento, ele fez uma análise com a coordenação e faz todo ano pra saber qual a dificuldade, e qual o anseio da comunidade, e é o que eu falei ali atrás, o primeiro anseio da comunidade era a estrada, aí a gente lutou, lutou e conseguiu aquela estrada. Depois o anseio era água, aí foi, lutou e conseguimos a água. Só que hoje a água está *capenga*, na época conseguimos 12 quilômetros de tubo, cano pra levar água até o Nativo, hoje tem os tubos e não tem água. É complicado demais! Mas foi tudo assim, a gente teve a iniciativa e através do movimento foi lutando.

Mas a luta grande mesmo foi pela escola de alternância. A gente lutou, lutou e conseguiu trazer a alternância para a comunidade e desde 2012 que está indo muito bem. Só que a família tem que ter participação, se a família não tiver a participação é complicado. A escola de alternância é a escola para a família, *né*, tem que ter parceria com a família. Dona Elisabete vai falar um pouquinho.

Um dos avanços quando ele fala do movimento é, sem dúvida, essa união. No dia em que fomos para a manifestação, nós tivemos uma equipe de políticos bons, porque a polícia vinha, mas ela vinha para proteger, dar proteção para aquele *povão* que estava ali. E teve uns outros que disseram que não aconteceria, que não iria dar certo. Foi uma comunidade junto, foi um movimento junto, foram os políticos... e o Nativo, ele avançou muito, mas só que também travou. Há 30 e tantos anos atrás, para mais, o Nativo fez um vereador na história. Depois de tantos anos, fizeram mais um vereador e esse que mudou naturalmente a cara do Nativo, aquele *miolinho* ali de escola mudou realmente. Criou quadra, contribuiu muito no asfaltamento do Nativo, calçou algumas ruas da região, a água da escola, que não era uma água potável, hoje é número um no Nativo, porque ninguém tem água, só na escola que tem. A unidade de saúde também, medicamentos para toda a comunidade, tudo veio, além dessa pessoa que abraçou nossa causa e lutou junto do movimento. E aí foi a demanda da alternância. Começando o projeto da alternância, que a escola na verdade já foi iniciada com essa intuição, mas não conseguia porque é um programa muito complicado, e as autoridades também não davam caminhar, não davam um passo. As famílias não tinham conhecimento, algumas muito pouco, até que quando chegou 2012 veio, na verdade ainda está em construção, ainda tem muito caminhar ainda. Já melhorou muito, cem por cento, mas ainda tem muito que caminhar. Então tudo isso é uma contribuição também de muita união da comunidade, então, eu acho assim, os nossos familiares, antepassado, nossas famílias, são famílias exemplares de muita união, que nunca deixaram seus filhos à toa.

Quando foi mesmo para instalar esse projeto aqui, eu, ele e várias famílias aqui colocamos a cara na reta, mas outras famílias, que não tinham conhecimento, foi difícil. Quando a gente chegava na escola, até os professores olhavam a gente com uma raiva tão grande... parecia que *estava* chegando os generais. A Rosiléia ainda não estava na direção, mas era uma que estava sustentando o projeto com a gente e vivenciou esse momento difícil junto com a gente. Ela, Ozana e Chiquinho. O projeto só tornou possível mesmo porque o Amadeu Boroto disse que ia fazer isso durante o projeto de campanha, mas o governo dele foi igual desses outros e a proposta que o movimento que levou virou compromisso. O programa dele se estendeu, conseguimos as três escolas, mas com a vontade do povo mesmo. Foi muito difícil, teve resistência e no início era assim: ia uma semana e na outra estudava em casa. Hoje já é uma linha diferente, hoje é uma alternância, com as regras da alternância, além das aulas, o aluno tem que viver e vivencia o que aprende lá, mas ainda há ainda uma resistência por parte das famílias. Tem pai que é ignorante, que fala lá e na frente do filho que o filho não vai pegar em enxada, porque não vai trabalhar nisso. Mas hoje até que *tão* aceitando mais, e melhorou muito, *né*. E hoje a preocupação que nós temos é de mudar de direção e o projeto morrer, esse trabalho tão bonito... Depois de tudo dando certo, dar para trás se vem uma direção que não quer quebrar cabeça, vai acabar. E é uma luta que o povo tem que se unir novamente. Porque essa é nossa vida, daqui tiramos nosso sustento e lutamos por um espaço cada vez melhor. É dessa luta que construímos nossa história.

Era desse jeito. Era muito difícil, mas um difícil bom: memórias de Dona Bininha[41]

Meu nome é Benedita, mas se eu fizer uma compra e botar no carro e *dizer* Benedita ninguém vai saber. Aí só conhece por Bininha. Eu falo logo "Meu nome é Benedita", mas o povo fala Bininha. Eles vão e *bota*, quando chega aqui eles ali da porteira: "*É aqui Bininha?*". Eu digo: "*É aqui mesmo*". Ninguém me chama de Benedita, é Bininha. Meu pai que colocou Bininha, eu nem gosto quando [alguém] chama Dona Bena. Se pudesse dizia assim: "Não chama dona Bena, chama de Bininha que foi meu pai que botou esse apelido".

Eu cheguei aqui foi uns 40 e poucos anos, eu *tô* com 75. Acompanhei bastante coisa. Naquele tempo a gente vivia aqui no Nativo sem nenhuma preocupação, e hoje nós vivemos com preocupação. Eu cheguei para morar aqui foi em 78, 20 de setembro de 78, mas desse tempo que eu cheguei pra agora eu acho que existe uma diferença. Aqui a gente viveu muito bem, era coisa importante. Hoje a gente não tem muita confiança mais. O Nativo é o lugar que, quando você chega nele pra morar, às vezes a pessoa não agrada, mas é um lugar de saúde, um lugar saudável. Quem sai tem saudade daqui, eu tenho certeza, e eu *tô* aqui e só saio daqui agora para mais perto.

Depois que aqui o pessoal da Fernanda[42] chegou, são vizinhos também, a gente vive também muito bem. Aquela época pra gente ir para São Mateus ninguém tinha carro, a gente ia a cavalo. Era na areia,

---

[41] Entrevista concedida a Hellen da Silva Pereira. Transcrita e transcriada por ela e revisada por Ailton Pereira Morila.

[42] Fernanda dos Santos Rios, formada em Pedagogia na Ufes, participante deste projeto de memória e história oral e moradora do Nativo.

não tinha essa estrada, nem de barro não tinha, era areia, pegava o cavalo e a gente ia para São Mateus. Quando dava a tarde, no outro dia, se tinha algum conhecido, nós *voltava*. Quem carregava carga daqui para vender em São Mateus levava numa canoa. Na canoa pegava mais ou menos 50 sacos de farinha de 50 quilos, aí que levava a farinha e quem não levava, levava laranja. E hoje a gente tem tudo aqui, vamos dizer que não está igual estava aquele tempo, *né*, mas tem coisa que tá pior, tem coisa que é pior.

Dá saudade do modo dos vizinho de antigo, com esses *da* agora, esses *da* agora não têm aquela amizade forte mesmo. É como eu *tô* falando, *né*? Eu tenho aqui a avó dessa menina (Fernanda), tem Manoel da Véia ali também, *né*? E os outros já morreram. Um monte de pessoa também já morreram, mas saudade a gente tem de muita coisa daquele tempo, e hoje não volta mais, não é? Volta, não. Infelizmente.

Antigamente pra se comunicar a gente escrevia um *bilhetim* e mandava. Os namorados para as namoradas, as namoradas pros namorados, era assim. Para as pessoas de longe era telegrama, *né*. Quem morava em Vitória, a gente passava telegrama e mandava uma carta pelo correio, era desse jeito. Era muito difícil, mas um difícil bom.

Eu, tem dia que fico pensando assim: "Meu Deus do céu, quantas coisa boa que meus vizinhos, lá de mamãe...". Dia de domingo, se você visse a distância que o pessoal vinha e juntava todo mundo na casa da minha avó, mas era uma velha que não fazia questão de nada. Ela já fazia as coisas já se prevenindo, ela tinha aquelas panelas grandes, preparava aquilo tudo ali, quando chegava aquele monte de gente, um monte de menina amontoava numa cozinha, assim. Todo mundo sentava, assim, e todo mundo que *tava* ali comia, bebia, era desse jeito.

As famílias eram organizadas. Quando nós estávamos morando nessa casinha ali, aqui não tinha televisão e não tinha energia. E depois veio a energia, eu comprei uma televisãozinha preto e branco e quando dava cinco e meia da tarde, seis horas a minha casa ficava cheinha de menino deitado. Eu botava uma esteira, ficava toda aquela meninada, os tios de Fernanda, *fi* de Manoel da Véia, *fi* de Zé de Miran... Olha, era tanto menino... Filho de Seu Duquesa... Menino ficava tudo lá em casa e os pais diziam assim: "A senhora não vai botar esses meninos para ir pra casa, não?". Deus me livre, os meninos são meus filhos. *Cê* acha que eu ia botar esses meninos pra ir embora?

O Nativo era desse jeito, muita fartura. Hoje não tem mais muita criação de gado, de porco, hoje não tem mais muito peixe, mas nós estamos vivendo, *tamo* rompendo. Sobre a criação de animais, vou contar o bom que era aqui no Nativo. Aqui não tinha dono para requerer as terras. Um chegava aqui, fazia uma casa aqui e ficava naquele lugarzinho. Outro chegava lá do outro lado, lá teve dois moradores ou três. Outros *chegou* ali naqueles coqueiros, tudo *era pessoas estranha que morava* aqui, depois que nós *compremos*. Outro chegava no outro canto e fazia uma casa. O gado, não tinha separação de cerca aqui, não. Os animais... por isso que botaram esse nome de Nativo, porque não tinha separação de cerca, todo mundo criava, todo mundo criava porco. Quando a gente chegava de tarde. só escutava um gritando pra lá, outro gritando pra cá, outro gritando pra cá. O pessoal chegava no chiqueiro e gritava e a criação vinha *todinha* e não vinha uma criação estranha do outro. *Cês* podem acreditar que isso era verdade. Não vinha, conhecia a voz. Aí todo mundo criava o gado, tinha gente que ia buscar o gado lá no Candeia, que soltava aqui e elas iam embora. Tinha uns que anoitecia e não *achava* os animais. Porque *tava* longe, andando, pastando longe. Isso tudo aconteceu aqui. Agora, depois, cada um foi juntando o seu, os seus *lugarzinho* e fazendo cerca e fazendo tudo isso. Aí acabou, cada um cuida do que é seu agora. Se saiu uma criação de um pro outro, eu não faço questão, não, que eu já deixei animal dos *outro* aí, já mando recado logo: "Olha, vem panhar". Mas era desse jeito, ninguém era dono desse Nativo. Todo mundo fazia uma casinha, agora, não. Agora você vê esses *proprietário* que tem aí, ó, longe, que vem da Praia Grande. Aí tem *fazendeirão*.

Eu tinha criação de gado. Eu criava porco, criava cabrito, criava carneiro, criava tudo isso misturado. Solto aí nesse quintal. Eles tinham a marca, eles marcavam os animais, aí cada um conhecia o seu. Até os porcos, as criações de porco eles *marcava*. Botava mais um pouquinho na orelha, um botava de um jeito, outro botava de outro, outro botava de outro... Cada um botava do seu jeito, era tudo marcado.

Aqui era difícil a fabricação de farinha pra vender. Agora, lá onde eu morava com meu pai, lá nós *virava* um mês fazendo farinha pra um, um mês ajudando o outro, outro mês ajudando o outro. Era assim. Aí lá vendia. Aqui o pessoal facilitou cuidando de aroeira, mas a gente fabrica farinha. Tenho uma casa de fazer, quando eu não ralo muito mandioca, as *menina* ralam, outro rala. Essa semana passada foi virado.

Nós *ia* na rua a cavalo, tinha poucos cavalos. Aí quando um ia, outro não ia. Quando ia, juntava uma turma de vizinho, ia três, quatro *cavalo*. Levava coco verde pra vender lá em São Mateus. Hoje tem muita coisa. E não era de carroça, não, botava uma cangalha no cavalo, botava jacar. Ah, se eu pudesse fazer um jacar! Eu disse que eu vou mandar, a cangalha eu tenho aí *guardadinha*. Jacar é aqueles cestos que botava do lado e a cangalha aqueles que botava em cima do cavalo. Botava a cangalha no cavalo, botava o jacar, enchia até de menino quando ia levar pra rua. Esses *menino ia tudo* desse jeito. Essa mais nova nunca foi, não. Não alcançou essa época, não. Mas *os outro, os outro tudo* alcançou.

O trabalho aqui era roça, feijão, arroz... [A gente] colheu muito arroz aqui, ó, mandioca, milho, tudo a gente colhia. Lá onde as meninas foram, ali era um brejo. Colhia tanto arroz... Agora, como que mudou, sem chuva não tem arroz. O avô de Fernanda colhia arroz ali também. Agora, minha *fia*, o trem secou, não pode plantar. Só mandioca *mermo*, feijão e coisas assim, quiabo, abóbora, melancia, isso ainda a gente planta. Nós *vendia*. Se o vizinho não tivesse o que tinha, dava para aquela pessoa. Era desse jeito aqui, era uma coisa que eu falo. Eu e a avó dessa menina. Tem vez que nós *passa* dois, três meses sem se ver. Ela mora ali, ó. No dia que a gente se vê, tem nem vontade de sair de perto porque a gente se dá muito bem, *né*.

Bom, outra coisa: o colégio não tinha, só tinha de primeira à quarta série, e agora já tem esse colégio aí que já está ajudando bastante o pessoal daqui. Só não estuda quem não quer. Quem não quer estudar não estuda porque eu ignoro. A pessoa daqui do Nativo não saber colocar o nome. Eu não sei que eu não tive um estudo. Onde eu morava com meus pais não tinha professor, a gente aprendeu, assim, quando chegava a pessoa. Meu pai pagava para a gente estudar particular e hoje tem tudo e tem menino que não quer nada.

Onde eu morava, aqui no Nativo de primeiro, se vocês vissem a dificuldade que esses meninos [tinham] para ir onde é o Centro Comunitário hoje, lá na igreja. Ali era o colégio onde eles estudavam. Olha, mas era tanta água que os meninos tinha vez que *trazia* a roupa para mudar depois que passasse aquela água. Foi uma dificuldade... Não podia vir de canoa porque a gente tinha medo de botar os meninos pequenos *tudo* numa canoa. Vinha a pé o *mais maiorzinho* tomando conta dos meninos. Era longe daqui onde a gente morava, mas assim mesmo foi. Não estudou mais porque naquela época parou. E depois, para vir esse colégio para aqui, nós *se* reunimos na porta da igreja. Não sei quem era o homem, não sei se era o vereador, se era o prefeito, eu sei que Dom Aldo[43] estava aí também esse dia. Quando essa pessoa chegou, nós *tudo quietinho* juntamos aquela turma de pessoas, de mulheres, assim, os homens sempre mais desanimados.

Fizemos aquela porção de bandeirinha. Quando ele chegou, *veio* nós, pulamos na frente desse homem. Pulamos pedindo ginásio aqui no Nativo, que não tinha. Foi aquela festa, juntou todo mundo: a meninada, professora, quem não era professor, mas que participava da comunidade. Todo mundo estava gritando. Aí Deus abençoou que foi indo, foi indo e foi chegando de pouco a pouco. Não estuda mais porque não quer, porque tem ônibus para ir e tem ônibus para voltar. E no tempo dos meus filhos vinha com a sacolinha de farofa. Quando não era de farofa, vinha pelas estradas, achava goiaba, achava as coisas... eles pegavam e iam comendo porque era longe. Hoje, minha filha, os meninos tão com tudo, com a faca e queijo na mão, e não *sabe* aproveitar.

Olha, eu vou falar pra *ocês*... Eu sou mãe de sete filhos, nunca um menino meu *doeceu* para levar no hospital. Nunca *doeceu*, graças a Deus. Criei todos eles e *tão* aí, se não *tão* melhor é que não *quer*, mas tão tudo aí vivendo. Isso tudo a gente tem que pensar. Quantos

---

[43] Dom Aldo Gerna, Bispo de São Mateus de 1971 a 2007.

moradores aqui que *morou* ali, ó. Ali, um lugar de uma casa de um vendeu para esse daqui, esse daqui vendeu para nós e nós *estamo* aqui e agora não *sai* mais, não. Com fé em Deus, só sai ali para pertinho [risos], o cemitério [risos].

 A medicina aqui em São Mateus só tinha, ai, meu Deus, doutor Guilherme e Silvares, não tinha o hospital que tem hoje, não é? O hospital Roberto Silvares, *né*? Era Roberto Silvares, e o pai dele era Américo Silvares e tinha o doutor Guilherme, mas não fazia uma cirurgia. A minha irmã morreu no parto porque não tinha ninguém lá na hora pra ajudar, não tinha. Depois da maternidade é que foi chegando, graças a Deus. Agora, não, agora você vê que tem clínica pra todo lado, *né*? Você olha ali no Ideal, então, parece que tudo agasalhou ali naquele Ideal. É tanta coisa boa que tem ali, mas de primeira não tinha, não. Aqui no Nativo não tinha, depois que fizeram aquele postinho lá é que *veio* os médicos, é que veio enfermeira, mas não tinha. A gente se curava com erva.

 Eu também benzo, eu benzo de olhado. As pessoas ainda vêm aqui em casa me procurar, agora [há] poucos dias chegou um... Eu só não sei benzer de uma coisa, eu sei, mas eu... parece... eu sei lá, eu vou aprender direitinho. Essa daí, eu sei tudo é de cor. O que eu sei, eu sei de cor. Eu sei porque foi o meu avô que me ensinou. Meu avô tem mais de 60 anos que já morreu, mas eu sei porque ele me ensinava, eu sei de tudo. Aí chegou aqui esses dias um rapaz todo sem jeito com a mulher. Mandei ele entrar, mandei ele sentar, e ele de cabeça baixa só com o pano assim no olho. Aí ele: "É, dona Bininha, a senhora vai me desculpar, viu, mas eu não vim aqui para visitar a senhora. Eu vim saber da senhora se a senhora sabe rezar desse mal que está nas minhas vistas, porque eu não aguento mais, porque não sei quantos dias não vou mais na roça. Não *tô* aguentando". Lá na cancela, eu estava lá na cancela tocando os perus quando ele parou, que me viu, ele perguntou: "A senhora sabe benzer disso que dá doença no olho, *né*? Ramo de vento?". Eu falei assim: "*Vamo* lá em casa que nós vamos passar um remédio para suas vistas". Aí ele veio, sentou, aí e eu fui lá dentro, *panhei* a folha, benzi, benzi alto pra ele ouvir, pra não dizer. Aí benzi, depois fui lá dentro, peguei uma água benta que eu trouxe lá de Bom Jesus da Lapa de Santa Luzia, *panhei* um pouquinho e dei a ele. Mandei ele passar nas vistas e disse: "Se você se sentir melhor". Aí quando chegou no outro dia, ele chegou pra mim assim: "Olha, eu vim lhe dá a obediência *à* senhora, porque eu já *saí* da sua casa e não *tava* sentindo mais nada". Aí ele foi, que não demora chega outro, pra benzer de zico, eu benzo, não demora chega outro pra benzer de olhado, eu benzo, chega um pra me benzer de dor de cabeça, eu benzo. E não tem esse negócio de dizer assim: "Ah, eu não vou fazer isso porque eu estou ocupada", eu largo tudo que eu tiver fazendo pra ir fazer aquilo. Se é dom que Deus *me deu pra mim*, aprender isso tudo na minha mente, então eu tenho que fazer até quando Deus quiser. E ensino, mas ninguém não aprende, acabou.

Cacilda quando chegou, chegou ruim, *tussino, tussino* que não tinha... Aí eu disse a ela "Vai, Nete, leve esse xarope e dá pra ela", eu que fiz esse xarope pra Cacilda. Pra Cacilda só, não, pra os meninos aqui, que precisa. Tá *tussino*, eu faço um *xaropim*.

Tenho algumas plantações de ervas ainda. A mulher do Joel vem aqui em casa ou ela manda o menino *vim* com uma sacola. Aí quando vai, leva aquele monte de erva pra ela fazer chá. Eu não gosto de *rancar*, não. Teve uma erva aqui que *rancaram* e eu pedi para não fazer isso, pois ainda assim *rancaram*. Depois eu fui procurar e achei uma muda lá no Sr. Mateus Rosário. Uma mudinha, toda ferida. Plantei, ela já está bem grande.

E as festas... Ai, era festa e as quadrilhas que fazia quando era pequenininho. A fogueira de São João. Limpava tudo direitinho, enfeitava e quando chegava a energia enfeitava tudo, bandeirinha... Juntava a porção de meninos, *tudo* meninozinhos, tinha menino até pequeno, só vocês vendo. *Tudo* na quadrilha. Agora cadê nossa quadrilha? Eu falo "Meu filho, tá tão difícil, *né*, hoje". Aqui no colégio tem muita festinha, mas era bom que fizesse, aí, um dia, uma quadrilha. Teve um ano em que a diretora, ela fez e também dançou, até eu dancei. Eu dançava em todas as quadrilhas, mas não danço mais. Mas eu dançava em todas as quadrilhas, eu participava de todas elas na igreja, aqui. Ia para São Mateus, ia para outro canto com a nossa quadrilha. Era desse jeito. Não sei porque não faz mais, parece que fiquei velha. Só tem a fogueira aqui em casa.

No dia de São João, na véspera do dia 23 pro dia 24, com fé em Deus, a nossa fogueira não termina fácil assim, não. Todo ano tem a fogueira, aí vem a porção de gente e criança daqui e os vizinhos. É na canjica, no arroz de coco, vatapá, bolo e a farinha de coco e na farinha de amendoim.

Um dia nós fizemos uma quadrilha maluca. *Chegaram* uma turma aí e disseram: "Ah, vamo". Pegamos um sonzinho e botamos aí pro lado de fora. Marcaram uma quadrilha maluca, a turma saiu, até o Jarildo Coutino dançou mais a mulher, Josana, a irmã dele. Dançaram essa quadrilha maluca, mas não fizeram mais essa quadrilha maluca aqui. Foi bom que ninguém nunca dançava e naquela hora era só ir, só podia sair uma quadrilha maluca.

Tem muita gente que chegou depois de mim aqui no Nativo, Manoel da Véia... Eu cheguei primeiro, mas ele morava ali perto. Manoel da Véia é de infância, aquela coisa. Seu Joel *tá* ali, *vizim*, quando eu cheguei já estava aqui.

As casas antigamente *era* de barro. Agora você não vê uma casa de tijolo. Essa daqui a metade era, mas o tempo *derrubou ela*. Quando eu cheguei aqui já tinha. Essa daí a metade era de tijolo e a metade era de estuque. Aí nós chegamos pra aqui, *tiramo* todo o estuque, só ficou por dentro de casa um pouco, e *rodemo* ela toda de *tijolim*. Aí depois nós fizemos essa aqui.

A primeira igreja que tinha aqui era de estuque. *Envarava* a casa de cipó e botava o coisa assim... E *varava* de vara, depois batia o barro, todo mundo de um lado e outro de outro *encarriado*. Aí depois rebocava, ficava até *bonitinho* depois de pronta.

Só tinha a igreja de São José aqui antigamente. Aqui, o pessoal de Gameleira vinha pra São José, o pessoal da Terruje vinha pra aqui, pessoal de São Miguel, o pessoal de Campo Grande. E eles hoje ainda vêm no dia da festa de São José. Meu Deus do céu, eles não esqueceram, não. Eles ainda vêm ainda. Tem um pouco de diferença na festa da comunidade, sabe. Tem uma *diferençazinha*, hoje a gente vê que tá um pouco diferente, mas só que eu *tô* achando boa também, porque reúne gente de todas as *comunidade* daqui e não só daqui. Esse ano, menina, esse ano agora que passou, tinha gente lá dos Quilombos, tinha gente de Linhares, tinha gente de... de... só você vendo. Tinha uma pessoa que falou: "Eu não moro aqui, *não, mas eu sou do Rio*. Eu *tava* aqui e tive a notícia dessa festa, eu vim e eu gostei muito dessa festa". E como, de fato, é boa a nossa festa. É dia 19 de março, o dia de São José, mas só faz a festa no dia 19 se for no dia de domingo, quando não é, o domingo não é 19, a gente faz ou antes ou depois, porque aí não é feriado. O pessoal já pede pra fazer assim pra poder o pessoal *vim*, aí a gente vai e faz a celebração com o pessoal mesmo.

Só no dia de São José que tem as procissões e tem vezes que antes a gente faz celebrações também, sai de uma casa e passa pra outra. Esse ano nós fizemos as novenas, esse ano as *comunidade* que fizeram. Vem gente do Palmitim, veio lá do 41, veio do Santa Luzia, veio do Morada do Ribeirão, veio de Gameleira, veio de São Miguel, veio da Terruje, cada noite tinha um pra celebrar a novena.

Desde criança nós *vinha* em festa aqui, uma caixa de menino que mamãe trazia. Aqui tinha os conhecidos que Deus já levou, que a gente vinha ficar nas casas três, quatro dias, mas também nós *trazia* farinha, *trazia* carne, *trazia* feijão, nós *trazia* de tudo para a casa daquela pessoa. Quando ia embora, que terminava, nós *deixava* tudo aí. Então desde criança eu já vinha e participava aqui. E nós éramos tão *feliz*, graças a Deus. Quem buscou São José aqui pro Nativo foi o pai desse homem que era dessa casa, o *véi* Santana. Eu não conheci o *véi* Santana, mas eu ficava perguntado aqui, [para] os mais *velho* que tinha aqui, que agora já morreram, como foi que surgiu essa igreja de São José, aí eles disseram: "Ah, foi o *véi*, pai de Theo, o véi Santana é quem formou, chamando um, chamando outro". Fazia a celebração nas casas, o batizado era feito na beirada do rio, lá onde é o Manel da Águia Branca. [N]aquela beirada do rio, tinha uma casinha e lá tem um pé de fruta pão, debaixo daquele pé de fruta pão houve muito batizado, foi abençoado. O padre vinha, não tinha a igreja ainda, batizava as crianças lá e fazia a missa nos *pé* de árvore. Essa comunidade é velha, tem muitos anos, eu *tô* com 75, vou fazer 76, ela já tem muito tempo.

Então o Nativo foi formado na igreja de São José, e esse velho conversou com os mais velhos, os meus tios, e disseram: "*Vamo* fazer uma igreja aqui, que não tem uma igreja". Aí eles juntaram, todos eles, arrumaram o dinheiro pra trocar a imagem de São José, veio de Vitória. De Vitória ou do Rio, ou um desses dois *lugar*. Aí minha mãe falava que quando chegou essa imagem pra aqui, foi aquela festa, naquela caixinha muito bonita. E eles escolheram São José, o protetor das famílias, porque o Nativo era uma família mesmo, então ele, São José, é o protetor das famílias. Foi a comunidade que escolheu ele, nós somos *permilhados* porque *tamo* com essa imagem [de] São José. E por aqui não tem uma comunidade São José, e vem muita gente por causa dessa. O Nativo é devoto de São José.

Eu vou todo domingo, tem dias que eles *fala*: "Todo domingo ela vai pra igreja". Eu digo: "Ô, gente, *cês não se importa comigo*", eu deixo o almoço prontinho, tudo, feijão, o que tem de fazer eu faço. Sábado eu já *tô* preparando pra domingo eu *tá* à vontade. Antigamente ia aquela turma de menino comigo, agora eu *tô* com as pernas *cansada*, eu não vou a pé mais. Quando eles não vêm me buscar, Josinho passa aqui e me leva.

O padre daqui é da Paróquia de Guriri, dormia antigamente, mas ficar, assim, morando não tem padre, não. Nós temos um padre que é daqui, daqui do Nativo, o Padre Jonas. Ele veio celebrar uma vez uma novena aqui, nasceu e foi criado aí no Nativo. Eu dizia assim: "Jonas, eu *tô* pra te dizer que você vai ser um padre". Aí ele: "Por que a senhora não reza pros menino da senhora?". Aí eu: "Porque não, eles não têm jeito de ser padre, você tem". Se *ocê* vê a história... Eu não gosto de contar, não, porque eu não quero nem que ele saiba, *né*, mas aquele pedido de Padre Jonas foi lá em Bom Jesus da Lapa que eu fiz. Eu conversando com o padre, ele perguntou se aqui tinha, eu disse que não, mas aí ele: "Você não vê uma pessoa que tenha vocação? Porque a messe é grande e os operários são pouco, *tá* precisando". Eu falei: "Tem!". Ele falou assim: "Você pode me dá o nome dele?".

Eu falei: "Posso". Era um padre de Pernambuco, novo, aí ele disse: "Chama o nome dele". Aí eu disse: "Jonas". Aí ele disse: "Reza por ele". Quando eu cheguei aqui que eu falei [com] a mãe dele. A mãe dele ficou foi contente, mas ele ficou zangado, aí disse assim: "Ela inventa cada coisa". E agora ele não [se] importa mais, não, graças a Deus. Eu peço a Deus que ele nunca desvie. Eu vou dizer a ele qualquer hora, eu rezo todo dia por ele lá na igreja, faço oração por ele. E deu certo. Que bom. Ele é o nosso Padre Jonas daqui, filho daqui, filho nosso.

Tem mais de 20 anos que eu *tô* nessa comunidade aqui, já fui até catequista e leio na igreja. Quando foi, agora, um dia, eu conversei na comunidade: eu vou querer que umas pessoas também fiquem no meu lugar, aí consegui. Consegui, menina, aqui, comadre, Renaldo, consegui Valci, consegui Tadeu. O meu é quatro. Cada um tem um domingo pra fazer a leitura do evangelho. Eu disse que eu já *tô* muito velhinha, eu vou arranjar outro pra ficar no meu lugar, mas esse outro eu ainda *tô* esperando esse menino casar no religioso pra poder participar da leitura do evangelho, *né*. Eu quero que ele case, ele é meu afilhado, eu... *cê* sabe... eu coloquei aquele menino até numa linha, graças a Deus, porque ele não participava. Mas quando ele quis se batizar, ele me escolheu e eu disse: "Se você me escolheu, eu também vou te escolher pra alguma coisa aqui na comunidade". Ele agora é salmista, ele agora faz leitura, ele agora é catequista. Eu consegui, graças a Deus, quero botar mais outras pessoas. Eu não sou contra religião nenhuma, sabe. Deus é um só, Deus não é dois nem três, é um só, portanto. Não é certo? Pra que discutir religião? Religião é nós com nossa fé.

Eu vou sempre em Bom Jesus da Lapa, todo ano tem. Tem uma excussão aí e a gente vai. É lá de São Mateus, mas eles *põe* a gente no ônibus aqui, a gente vai, passa lá oito *dia*. Mas nesse ano eu não vou, mas eu *tô* com uma pena. Eles dizem que eu não aguento ir, que *num guento*. Eu *guento*, sim, mas agora o meu *veim* tá doente e ele não quer ficar com as *menina*.

O meu esposo nasceu aqui, e eu lá na Paulista. Casamos nessa casinha aí, ó, e depois não sei quantos anos nós viemos morar aí. Aí era o cartório, *num* tem o cartório de Guriri? Ele é esse aqui, ó. Nós casamos e depois nos mudamos pra cá, depois de uns 12 *ano* nós viemos morar aqui. Casamos na igreja também, senão eu não posso ser madrinha. I comprovante tá aí, tá guardado. Agora, pra fazer a crisma, precisou do comprovante. Eu disse: "Meu Deus do céu!", aí a comadre falou: "A senhora sabe quem foi que te serviu de testemunha?". Mas eu sei, aí dei o nome direitinho. Ela *tava* sempre lá, aí ela foi lá na paróquia, lá em São Mateus, aí procurou mais ou menos a data do ano que eu falei. A menina lá, a moça procurou, *num* demorou e ela disse "Olha aqui, dona Benê, *tá* aqui, ó". Osvaldo Paz, Benedita Ribeiro, testemunha Mateus Rundão e testemunha uma mulher Geisa Maciel, *tava* tudo anotado lá direitinho, *né*. Aí eu confirmei, tudo certinho, aí eles fizeram o comprovante. Agora eu tenho certidão de casamento no religioso.

Teve festa no casamento, tinha muita gente. Mas não tinha esse negócio de um bolo confeitado, fazia era de outro jeito: fritava uma carne, fazia um feijão, um arroz, um macarrão, não tinha o tal do bolo. Agora não, faz um bolo, faz churrasco, faz uma torta, agora faz tudo. Mas tá bom. Agora *tô* com 56 anos de casada já, fez em fevereiro, 18 de fevereiro. A gente tem que ser forte, ter fé em Deus, ser firme e ser forte pra poder a gente viver esses anos todos. Ninguém pensa que é só flores, não, na flor também vem o espinho. É sofrimento também, *né*, mas doente todo mundo adoece, *num* pode falar nada. Na hora que o padre pergunta se é na doença e na saúde a gente não respondeu que sim? Então tem que fazer o sim, tem que cumprir. E é triste quando não cumpre, é triste. E eu tenho até pena hoje. Ai, meu Deus, está tão difícil.

O dia de Santa Luzia é o dia do meu aniversário. 76 anos agora esse ano que vou completar no dia 13 de dezembro. Faço a festa de aniversário todo ano. A turma vem, nós fazemos a celebração. No dia que eu morrer, eles vão lembrar. Tem vez que eu não aviso na igreja, não. Tem vez que eu *num* aviso. Sabe por que que eu *num* aviso? Pra ver se eles tão lembrando. Eu deixo, eu falo nada. Quando chega lá na hora, um pula de lá: "Olha a reza na casa de comadre Bininha!". Eu vou esquecer, aí um: "Ah, nós não *vamo* esquecer, não".

Tem vez que eu penso: "Ah, hoje não vem ninguém, *não*". Quando penso que não, menina, vem todo mundo, meninozinho pequeno, os adultos... Os *pequeno,* quando é dia de escola, que os *bichinho* não *pode* vir, os *bichinho fica triste.*

Aí esse dia é de dia, *né,* é durante o dia que tem celebração, ladainha, que a gente reza. Tem uma em português e nós temos, eu tenho, em latim. O oferecimento eu aprendi em latim. Meus velhinhos negros, que eu conheci, eu gostava mesmo, eu queria que eles que *fosse* meus *padrim*. Meu pai deu pra outra pessoa, eles me *ensinou* e a gente aprendeu. Eu tinha uns 10 *ano* quando aprendi, era criança.

Nunca abandonei a fé. Foi em 1950, que eu participei de comunidade mesmo. Em casa a gente tinha dia de sábado, meu pai ajoelhava e me botava junto pra *ajudar ele* a rezar o ofício e a rezar o terço. Em 1950, participamos da comunidade lá. Em 1972 eu passei pra aqui, no dia 18 de setembro eu saí de lá de onde eu morava e vim pra aqui.

Meu pai e minha mãe é tão importante que você nem queira saber... A minha mãe chamava Peciliana e o meu pai chamava Ataídes, aí as minhas irmãs mais velhas, uma é essa que eu falei com você que morreu de parto, a outra depois morreu, aí a outra Deus levou também, que era a Rodina, Maria da Penha, aí Sebastiana vai fazer um ano que morreu, a caçula, mas era um mulherão. Você *conheceu ela?* Era a caçula. Ai, minha filha, meu pai era uma pessoa tão, tão abençoada. Minha mãe também. Eles *era*... eles eram abençoados. É bom quando a gente se lembra dos pais, eu não esqueço, não, esqueço nada. Tem é muitos anos que papai morreu, papai morreu em 72, mamãe morreu em 62, Peinha nasceu... foi... Peinha *tava* pequenininha quando minha mãe morreu. Mas meus pais tinham... de manhã a gente cuidava de roça, criação, ele tirava leite, tinha dia que ele *tava* com *calundu,* é coisa dos *antigo*. Porque tinha dia que ele amanhecia contente, mas, menina, tinha dia que ele *manhecia* zangado. Mas eu era uma pessoa tão... sei lá... por Deus mesmo, ele *tava* zangado. Eu acordava cedo, novinha acordava cedo e fazia um café pra ele ir pro curral. Quando eu levava café, ele dizia assim: "Ai, esse café não tá bom, *não, esse café* tá ralo", aí jogava o café fora. Esse dia ele *tava*. Eu vinha pra casa rindo. Chegava em casa, eu botava água no fogo outra vez, mas fazia um café forte, bem *margoso*. Aí ia lá outra vez, ele pegava. Mas quando ele pegava aquele copo de café, ele tomava aquele café e fazia um ar de riso, ele fazia assim: "Agora você acertou". Isso aí, porque eu marguei o café. O meu pai era bem morenão, sabe, meu pai era preto, meu pai era negro e minha mãe era descendente de italiano, aí saiu umas meninas de uma cor, seis meninas. Tudo mulher. Minha mãe não teve um filho homem, saiu umas meninas de uma cor e outras de outra cor. Eu... que minha vó era descendente de índio, a mãe de papai. Vocês acreditam que eu sinto isso? Eu sinto. A noite passada... a noite passada eu deitei e dormi tendo aquele sonho, sonhando [que] uma pessoa ia na minha frente, ia levando e dizendo assim: "Você acha aquele mato, você pega aquele mato pra fazer um chá". E eu saí, minha filha, de dentro de uma mata sonhando, sonhando, sonhando. Quando chegou no lugar, eu vi dois *pé* de árvore, um com uma folha lilás clarinho e outro com as flores *branquinha*. Eu disse assim: "Eu não *tô* vendo outro mato, eu vou levar esse aqui", e ela disse: "Leva". Eu peguei um pouco de flor e já sai numa campina, e ela *tava* me levando para dentro do mato. Eu sinto porque eu sinto mesmo, eu sou descendente de índio.

Eu tenho uma saudade dela, minha avó. Vixi! Eu gostava muito dela e do meu avô. Meu avô foi quem me ensinou a reza, ele me ensinou a rezar de dor de cabeça, de olhado, isso aí foi tudo ele que me ensinou. Ele pegava uma folha e me dava, e mandava eu *benzer ele*, aí eu benzia ele. Ele me ensinando e eu falando, aí no outro dia ele já vinha já: "Como é? Já aprendeu?". Aí eu começava, quando eu errava no pezinho ele falava: "*É assim*". E foi rápido pra eu aprender. Agora *tá* difícil pra eu aprender as coisas, mas de primeira, quando eu era criança... Vovó só ensinava a gente a ser *educado* com as *pessoa* mais velha e ela era muito carinhosa, ela fazia tudo, aquela *veinha*. O nome da minha vó era Cândida e o nome do meu avô era Vigílio Rocha.

Na minha infância, lá na Paulista, nós *fazia* até teatro de brincadeira. Eu preparava a minha prima, a mãe de Davi Marino. Na casa do meu pai era um soalho alto na varanda, juntava tanta gente. Nós *enfeitava* aquela varanda todinha. Parecia que era uma coisa mesmo, cada um apresentava uma música. Teve uma festa que fizemos que eu montei num cavalo. Tinha uma música que um homem caipira roubava uma menina, na letra da música, eu arrumei um cavalo bonito, me vesti de homem, coloquei a sela, montei no cavalo e entrei nessa varanda e roubei a menina. Era Marina o nome da menina que eu roubei. Foi uma festa, veio tocador de violão... Isso é tudo coisa que a gente inventava, eu não esqueço, não. Tem dia [que] eu lembro até as músicas *todinhas*. Hoje eu tenho sete *filho*. Quatro homens e três mulheres. Tem uma aqui, agora a gente está até com medo dessas coisas que está acontecendo, nas casas, assalto... Antigamente não tinha, aqui você podia dormir com essas janelas abertas. Não tinha ventilador, o ventilador era o que Deus mandava. Agora a gente está preso. De noite você tem que fechar que se não... Porque aqui já entraram e pegaram liquidificador, uma *butija* de gás, um bujão de botar leite, aí por isso que eu fiz isso, mas não por meu gosto.

Tenho também muito afilhado. Ainda *tô* aí com uma menina pra eu ser madrinha de Crisma, tá com... Eu não sei se ela tá com 12 anos, ela disse assim: "Eu já escolhi minha madrinha". Aí o pai perguntou: "Quem é, menina, que você já escolheu?", e ele é meu afilhado. Aí ela disse: "Eu? Eu já escolhi dona Bininha". A bichinha quando me vê é aquela alegria, se eu alcançar até lá viva, *tá* tudo bem, *né*, mas se não alcançar...

Eu tenho 16 netos e tem mais *bisneto*, eu tenho 17 bisnetos. Será que eu vou alcançar o tataraneto? É muita coisa, é a quarta geração. Esse que chegou aqui agora é neto. Eles vêm aqui sempre. Esse daí chegou e veio aqui, é *fi daquelazinha* que saiu pra lá. Ela só tem dois, o mais velho já tem um meninozinho e essa outra tem dois filhos também. Um tem três filhos, o outro ainda não tem nenhum.

No Natal [a gente] fazia festa, trazia um vizinho pra casa do outro. A gente sempre tanto fazia na sexta-feira da paixão como no

Natal, a gente sempre procurava uma família que a gente via que era pra passar o dia com a gente, aí eles vinham. Tanto faz aqui, quanto lá na casa do meu pai. E lá onde meu pai morava nós *fazia* era com vovó, que eu falei. Era em vovó, na casa dela. Aí a vizinhança, compadre, comadre, afilhado, filho... Era assim, todo mundo junto.

Eles eu já não sei se *continua*. Eu, aqui, continuo com os meninos, sempre chamo uma *pessoa*, às vezes a pessoa *num* vem, mas eu convido. Dia das Mães... Dia das Mães meus *menino* junta *tudo* e vêm aqui. Neto, outras pessoas *pode* vir que eu *tô* aqui de braços *aberto* esperando. Não nego, eu *num tô*... não vou dizer que eu *tô* me gabando das coisa, não, mas ela aí sabe do meu modo de tratar. *Num* gosto de maltratar ninguém, eu gosto de tratar as pessoas bem.